願いをかなえる私になる!

ワクワク28日間引き寄せレッスン

都築まきこ

Discover
ディスカヴァー

ここから先の日々は、あなたが決めたように進んでいきます。

どんなことも、本気で決めることができたら、それはかないます。

信じられないかもしれませんが、それが法則なのです☆

はじめに

「もっと楽しく暮らしたいだけなのに、それがなかなか難しい」

「一番かなえたいことは、やっぱりかなわない」

そう思いながらもあきらめきれなくて、

「もしかすると何かが変わるかもしれない」

「今度こそは……」

そんな、かすかな期待を持って、あなたはこの本を手に取ってくださっているのではありませんか？

変わりたいと思ったときこそ変われるタイミングです！

私から最初にあなたにお伝えしたいのは、**「今度こそ大丈夫ですよ！」「幸せになるための学びは、ここで終わりにしましょう」**ということです。

まだ半信半疑でも、ほんの少しだけでも信じてもらえたら嬉しいです。

世の中には、びっくりするくらいにどんどん願いをかなえて、素晴らしい幸運を引き寄せる人がいます。

「私もそういう体質になりたかったなぁ」と、羨ましく思うかもしれませんが、それは持って生まれたものではなく**後天的に身につくもの**です。

今まで、ツイてないなぁと嘆いていても、願いがかなわない日々に飽き飽きしていても、ここからたくさんの幸せを引き寄せることはできます。

幸運体質になるために大切なことは、「よいことを引き寄せよう！」とがんばることでも、過去を反省して心を正すことでもありません。

大切なのは、次の３つです。

● **「どれだけ幸せになってもいい！」と自分に許可を出す**

● **幸運を引き寄せる邪魔をしている行動や思考を減らしていく**

●自分と自分の本音を大切にして素直に生きる

この本では、あなたを幸運体質に導く28のレッスンを紹介しています。それをオススメする理由、そのレッスンをやったらこんなことが起きたという実体験エピソード、その日のレッスンの流れが書いてあります。

1日目から順番にレッスンを試していただくと、28日間でゴールとなります。

その途中でも面白い変化に気づいたり、早々に願いがかなうこともあるでしょう。

あなたのお気に入りのレッスンがあれば、翌日以降も続けて、ぜひ「習慣化」してください。逆に、これはあまり好きではないというレッスンがあれば、それは1回かぎりで終わっても大丈夫です。

難しいルールはありません。まずはやってみましょう！

実は、この本に出てくるレッスンはすべて、過去に私自身が悩みの穴にストンと落ちてしまったときに、「これはどう？」「これもやってみる？」「これで流れが変わるかな？」と、一つひとつ実験してきたものです。
その中から特に簡単に楽しくできて、クライアントの皆様にも効果があったレッスンを選りすぐりました。きっと、あなたにも気に入っていただけると思います。

幸運体質は一生変わりませんので、これから先もずっとあなたは幸せです。

28日間、一緒に楽しみましょう！

都築まきこ

もくじ

もくじ

WEEK 1

あなたはどう生きたいですか？

DAY 1

ポジティブしかない最高の未来設定をしよう

今から2年前の秋のことです。私は古くからの友人と会っていました。

彼女は、「私にはこれが合っているから」と20年以上もがんばってきた仕事を手放すかどうかで悩んでいました。転職するかどうか……という話です。

「今の仕事を続けたら、きっと金銭面の不安もなく過ごすことができる。代わり映えのない毎日だったとしても、それなりにキャリアも積んできていて苦手な上司もいないから、人間関係での大きな苦労もないはず。だから、このまま続けるべきだ……」

そう思う一方で、「**本当にこのままでいいのだろうか**」という、漠然とした不安や虚しさもあると語ってくれました。

すごく困っているわけではないけれど、小さなモヤモヤが拭《ぬぐ》いきれないという状況は、私自身、何度も経験しているので、彼女の気持ちはよくわかりました。

変えてみたいのに変える勇気が出ない……。

そういうとき、人は「うまくいかない理由」をとても器用に探します。

- この年齢だから難しい
- 新しいことを始めるのはそう容易ではない
- この直感は一時的なものかもしれない
- 周りの人に反対されるに違いない

そうやって「うまくいかない理由」を見つけてきては、「ほらね、だから変えないほうがいいのよ」と、あきらめてしまうことも多いのではないでしょうか。

でも、漠然とした不安や虚しさを抱えたまま、この先の人生を過ごしていっていいのかという疑問も残ります。


そこで、私は彼女と一緒にこんな遊びをしてみました。

カフェのテラス席でノートを開いて、「うまくいかない理由」ではなく、**「どうなったら、もっと楽しくなるか」**を見つけることにしたのです。これは遊びなので、ルールもなければ遠慮もいりません。

ページのはじめに「こんなふうになったら最高！」というタイトルをつけて、彼女自身が「これ最高！」と思えることを書いてみました。
最初は、ポツリポツリとしか出てきませんでしたが、3つほど書いてみたら、そこからどんどん「最高！」が生まれてきました。

●心がときめく仕事に出会えたら最高！
●毎朝、目が覚めるのが楽しみでたまらない生活だったら最高！
●楽しさに比例して、受けとるお金もどんどん増えたら最高！
●満員電車に乗らないで、散歩気分で元気に通勤できたら最高！
●休日は、大好きなカフェめぐりをしておいしいコーヒーが飲めたら最高！

こんなふうに、たくさんの「最高！」が出てきました。

そして、この「最高！」をこれから先の人生では引き寄せよう！　かなえていこう！

と、そのときに一緒に決めたのです。数十分前までは、できない理由、やめたほうがいい理由に縛られて悶々としていたのに……。

この世界では、「決めたようにかなっていくこと」がたくさんあります。

「私の人生こんなもの……」と思えば、本当にこんなものになりますし、「ここからやりたいことをして、1ミリの後悔もしないで寿命を全うするんだ！」と決めれば、ちゃんとやりたいことができる流れに乗れます。

転職で悩んでいた友人は今、大好きな土地に移り住み、大好きな動物に関わる仕事をしています。あのとき決めたことは全部かなったのです。

自分にとっての「最高」を決める！
それは決してあなたを裏切りません。

DAY 1

TODAY'S LESSON

今日のレッスン

これからの素晴らしい日々のために、楽しいらくがきをする!

【用意するもの】

● 1冊のノート(新しく用意しても、家にあるものでも、何でもいい)
● お気に入りのペン

1 ノートの真っ白なページを開いて、「こんなふうになったら最高!」とタイトルを書く

2 頭に浮かぶことをどんどん書き出す

綺麗な文章にまとめようとがんばらないでください。箇条書きでも大丈夫です。そこに書くのは、あなたの本音と、あなたにとって「最高!」と思えることだけ。

ムリかもしれない……ダメかもしれない……こんなことをして何になるの？
そんな思いが出てきても、今は頭の隅に置いておきましょう。
スムーズに書けないときは、心がときめく写真や切り抜きを貼ってもいいですね。

DAY
1
TODAY'S LESSON

今日のひとこと

自分の本音を知ることと、最高の未来を決めること。
そこから道は開けていきます。
今日は、それができました☆

DAY 2 あなたの引き寄せ力をつかってみる

「引き寄せの法則」

私がこの法則を知ったのは20年以上も前ですが、何だかすごい秘密を知ってしまったような……知ってはいけないことをコッソリ知ってしまったような……でも、たまらなくワクワクして、ゾクゾクするような興奮がありました。

本当にこの法則で人生が変わるかもしれないという期待と、やっぱり怪しいという疑い。その両方の気持ちがあったのですが、**たとえ疑いの思いからスタートしても、法則は法則なのできちんと発動します。**これは数学の公式と同じで、理屈はわからなくても、そうなることに決まっている、というかんじです。心の底から納得できなくても答えにはたどり着けます。

もしかすると、あなたもまだ半信半疑ではありませんか？

いきなり「あなたも引き寄せができますよ！　きっと上手ですよ！」と言われても、戸惑いますよね。でも、せっかく興味を持たれたのであれば、ぜひ楽しんで、この法則で遊んでみてほしいのです。まずは試してみて、考えるのはそれからでもいいかもしれません。

そこで今日は、ちょっと楽しい引き寄せの実験をしてみましょう。実験といっても完全なお遊びです。ゲームですから安心してくださいね。

やり方は簡単。たったの3ステップです！

①　この1週間で、あなたが引き寄せることを3つ、先に決めます。
②　決めたら、スマートフォンのメモや手帳に箇条書きでいいのでメモしましょう。
③　あとは、引き寄せるだけ♪

まず、①を決めるときのイメージとしては、**「それを引き寄せたらテンションが上がるけれど、引き寄せられなくても困らないこと」**がオススメです。

「運命の人との出会い」と決めるのも楽しいのですが、最初はどうしても、本気であればあるほど執着してしまいます。恐怖心や不安感も生まれやすいし、「あ〜、今日も引き寄せられなかった」「明日こそは来るの？」、そんなふうに、いちいち確認したり気持ちが重くなったりしがち。

ですから今回は「べつに……」くらいの損得がないことを①の設定にしましょう。

①は３つ決められるので、たとえば、こんなことはどうでしょう。

「初恋の人の名字や名前」
「行きたい場所の情報」
「芸能人・タレントさん」
「あなたが好きな模様（ハートや音符、クローバーなど）」

「知人友人からの久しぶりの連絡」

「つがい（カップル）の鳥」

「青信号でスイスイ進む」

などなど……楽しいイメージが浮かぶことなら何でもいいですよ。


3つ決めたら②に進んでメモしましょう。

このメモは「書いたら終わり！」でいいので、毎日見返す必要はありません。


さぁ、この実験の答え合わせは……1週間後です。

それまでは、この本を読み進めて、その日その日のレッスンをしましょう。他に特別なことをする必要はありません。

その間に、きっとあなたは「あっ！　あれだ！」と、決めたことを引き寄せるでしょう。

DAY
2

TODAY'S LESSON

今日のレッスン

3ステップの実験をする!

あなたの引き寄せ力を発揮する実験にチャレンジして、感覚をつかんでみましょう。

先ほどお伝えしたように、「それを引き寄せたらテンションが上がるけれど、引き寄せられなくても困らないこと」で実験してみるのがオススメです。引き寄せることを3つ決めて手帳やスマートフォンのメモに残しておきます。

1週間のうちに、それらが引き寄せられる瞬間を目撃しましょう。

【あなたが決めた3つのことは?】

1

2

3

DAY
2

TODAY'S LESSON

今日のひとこと

引き寄せはがんばることではなく、楽しむこと。
チカラを抜いて、まずは楽しんでみましょう。

DAY 3
「言ったことは本当になる」を意識して過ごす

日本では古くから「言霊《ことだま》」というチカラが信じられてきました。
「口にした言葉が実際になる」というのは、実は不思議なことではありません。「ラベリング」「ピグマリオン効果」などの言葉で説明される科学的にも証明された事柄です。
ただ、ここでは、難しいことは説明しません。**「言ったことは本当になる」**ということをわかってもらえていれば大丈夫です。

試しに「嬉しい」という言葉を発すると、その瞬間から「嬉しい」という言葉にふさわしいことが集められてきます。また「イライラする」という言葉を発すると、やはりなぜだか「イライラする」ことが続けてやってくるのです。

以前、ある講座でこの話をしたときに、

「それならば、よい言葉、明るく前向きな言葉をどんどん言ったほうがいいのですか？ポジティブな言葉を積極的に使えば、どんどん運がよくなりますか？」

と質問してくださった方（Ｙさん）がいました。

その質問に対する私の答えはこうです。

「はい。ポジティブな言葉を日常に取り入れたら、だんだんと気持ちも明るくなりますし、実際にラッキーなことも起こりやすくなります。でも、だからといって、気分が沈んでいるときに、『嬉しい、嬉しい！』とムリに言う必要はありません。それはあきらかに嘘だと自分でわかっているので、余計に虚しくなってしまいます。

『ありがとう！』を仏頂面で１００回唱えるくらいなら、チョコレートを1粒食べて、『あぁ、おいしい！』と心から1回言うほうが幸せにつながると思います。

ポジティブな言葉が言えないときは、ムリに言おうとしないで、沈黙の人になってもいいですよ。大事なのは、わざわざ余計なことを言わないことです」

「余計なこと？　今、ドキッとしました。私、いつも家族に、お前は一言多いって言われるんです。自分ではそんなつもりはないのですが、もしかすると、余計なことしか言っていないかも……」

Yさんの言葉に、会場が笑いに包まれました。

「余計な一言というのは、そうなってほしくないことをわざわざ言うということです。たとえば、これは私もよく言いそうになるのですが、何かを始めるときに、わざわざ**『そんなに簡単じゃないと思うけれど、**やってみるね』と、最初に余計な言葉をつけたり、**『清水の舞台から飛び降りる覚悟だけれど』**と、わざわざ大変なイメージにしてしまうこと、ありませんか？

シンプルに、『やってみるね！』でいいのに、自分の中にある不安を言葉にしてつけ加えてしまうのは癖ですよね。

『ダメかもしれないけれど』とか**『お時間のあるときで』**などと、相手に遠慮して自分から伝えてしまうこともあるかもしれません」

「あ、私それあります！　先走って失敗したときのことを考えて、そうなってほしくないのに、そうなるかのように言うことがあります」

「**実は、**ポジティブな言葉を言うことよりも、そうなってほしくないことをわざわざ言ったり、ムリとかダメとか、どうせ私なんて……という余計な言葉を減らすことのほうが先なのです。**だって、言ったことは本当になりますから！**」

その後Yさんは、「余計なことをわざわざ言わない！」を徹底するようになり、言ってしまったら「今の言葉、取り消し！」と脳内消しゴムで消す作業をしました。

その結果、当時、不満に思っていたことや悩んでいたことが、魔法のようにどんどん解決していったそうです。

これは、誰でも今すぐにできることなので、ぜひ試してみてください。

効果絶大ですよ。

DAY 3

TODAY'S LESSON

今日のレッスン

口癖を振り返る！

「〇〇だったらどうしよう」と、まだ起こっていない不安を言葉にしたり、「たぶんダメなのだろう」と、勝手に決めつけたりしていませんか？

自分自身を観察していると、何気なく発している余計な一言があることに気づきます。

あなたの口から出た言葉は生きています。

「あ、この言葉はいらないな」そう気づいたら、「今の言葉、取り消し！」と、その都度、頭の中から消していけば大丈夫です。この取り消しの作業はすごく効果的なので、ぜひ覚えてつかってくださいね。

口から出た言葉が吹き出しになっていて、それに色がついているとしたら……真っ黒よりも、お花のような綺麗な色がいいですよね。

わざわざ余計な一言を発するくらいなら、沈黙を選んだほうがお得です！

DAY
3

TODAY'S LESSON

今日のひとこと

言葉はあなたの味方です。
これから先の日々、あなたにとっての最高の武器になります。
仲よくつきあっていきましょう。

DAY 4 今まであなたがかなえてきたことを知る

今日は、あなたの過去を振り返ってみましょう。
あなたのこれまでの人生には、いろいろなことがありましたよね。いいことも、そうではないことも、嬉しいことも、せつないことも……。きっと、そのときどきで心を動かしながら「経験」という勲章に変えて、乗り越えてきたのだと思います。

引き寄せの法則は、「あなたが意識したことを引き寄せる法則」です。

ただ、ここに一つ、落とし穴があることを知っていますか？
私は、過去に何度もこの落とし穴に落ちては、怒ったり、いじけたりしていました。
「引き寄せの法則なんか信用しない！」と、さじを投げそうになったこともあります。
「あなたが意識したこと」に含まれるのは、ポジティブなことだけではありません。

引き寄せの法則の長所でもあり最大の短所でもあるのは、あなたが心の中でイメージを描いたり、意識したり、言葉にして発したことは、どんなことでも当たり前のように引き寄せてしまうところです。これが落とし穴です。

もしかすると、あなたは、「私は本当に願いをかなえることができるのかな」「望むことだけを引き寄せるのは難しいかも」……と、これまでの経験を思い出して、少し不安に思っているかもしれません。

「あなたは本当に願いをかなえることができます」
「あなたが心から望むことを引き寄せることもできます」

私はそう自信を持ってお伝えします。

あなたはもうすでに、引き寄せができているのです。今までだって、ずっと引き寄せ

てきているのです。

それができている結果（むしろ引き寄せ上手だからこそ）、今の状況と今の自分があるのかもしれません。そんなふうに今日はちょっと違う視点から見てみましょう。

願いがかなわなかったのではなく、「きっとこれは難しい」と思えば、どんどん難しくなることが引き寄せられ、「あの人とはうまくいかない」と思えば、うまくいかない理由が引き寄せられ、「私さえ我慢すれば」と思えば、もっと我慢することが引き寄せられ……と、意識をしたことをちゃんと引き寄せてきただけなのかもしれません。

これは、「だから、あなたのせいなのよ」と責めているわけではありません。そうではなくて、「すでに引き寄せができている」ということを知ってほしいのです。

私たちは何でもかなえるチカラを持っています！

『ハリーポッター』には、個性豊かな魔法学校の1年生たちが出てきます。みんな潜在的な能力があって魔法をつかえますが、ちょっと呪文を間違えたり力のさじ加減を誤ったりして、とんでもないことをやってしまったりします。それを先生たちは「失敗」と言いますが、その「失敗」は魔法がつかえるからこそ起こることなのです。少しずつ正しい知識を身につけて、楽しく魔法をつかえたら、それは素晴らしい成果をもたらします。

私たちも同じですね。**意識したことを引き寄せるチカラは持っているので、あとはそのチカラを上手につかっていくだけです。**

あなたは引き寄せができます。できています。もっとできます♪

今日からは、引き寄せの法則に振り回されるのではなく、あなたが引き寄せの法則を自由自在にコントロールすればいいのです。

DAY 4

TODAY'S LESSON

今日のレッスン

15分間、過去を振り返る！

これから「15分間」、リラックスをして、あなたの過去を振り返ってみましょう。できれば一人、静かにいられるときがいいのですが、難しければイヤホンや耳栓などで外の音をシャットアウトするといいでしょう。

では、**数カ月前、1年前、3年前、5年前……どんどんさかのぼって、10年くらいワープしてみましょう。**いろいろなことがありましたよね。よくがんばってきました。

その中で、あなたが引き寄せてきたことを思い出してみてください。きっと、何か心当たりがあるはずです。もしかすると、それは望まない引き寄せだったかもしれませんが、「あのとき、私が思っていたことが現実になったのかもしれない」と、今ここで気づけたら大収穫です。

あなたの中に、思考を現実にする（引き寄せる）力があるのが確認できましたか？

せっかく持っている力なのですから、上手に利用していきましょう！

DAY 4

TODAY'S LESSON

今日のひとこと

あなたの中に「かなえるチカラ」があることを知ってください。
ここからは、その素晴らしいチカラをつかって、
本当にかなえたいことだけをかなえていくことができます。

DAY 5

過去の出来事を自分への称賛に変えてみる

私は仕事柄、過去の出来事や記憶に長い間、悩まされている方に出会うことが多くあります。

「もっと楽しく生きたい、幸せになりたいと思うのに、どうしても過去の出来事が引っかかってしまいます。傷つくことが怖くて逃げたくなるのです」

そんなお話をしてくださる方もいました。

私たちはそれぞれに過去に対しての思いを持っていて、その中の1ページに大きく傷がついてしまったとき、無意識でそのページに自ら留まってしまうことがあります。

進みたいのに、ある出来事が思い出されて足がすくんでしまう……。また失敗したらどうしよう……。あんな思いは二度としたくない……。そんなふうに過去が今に影響を与えていることも多いのです。

K代さんは、7年前の婚約破棄がきっかけで、心から楽しんだり笑ったりすることができなくなりました。

「快という感情の線がぷっつり切れてしまったようです」

そう言って、いつも泣き顔で会いに来てくださったのが印象的で、今も心に残っています。

この7年の間に、K代さんはいろいろな「トラウマ解消法」を学んでいましたが、過去の出来事と向き合うという過程がとてもつらくて、どうしても過去を癒すとか手放すという状態にはなれなかったそうです。

「過去を癒さないといけないって心ではわかっています。もうそろそろ忘れないと、時間の無駄だってこともわかっています。でも、あの出来事を癒すことができなくて、今度はそのことに悩むようになりました。私、一生このままなのかなと思って……」

私はK代さんの言葉に深く頷きました。

どこかに封印したつもりでも、ふとした瞬間によみがえってくる悲しみや怒り、納得できない出来事……そんな苦い思い出は誰もが持っているのかもしれません。

「過去を綺麗に整えなくてはいけない」「怒りや恨みを消して、過去や自分を癒していくことが大事」と思い込んでしまうと、今度はそれができない自分に不安になります。

でも、そうすることが苦しいときは、ムリに癒す必要はありません。

たとえば、納得できない出来事があって、誰かに対しての怒りや恨みが残ったままの場合、そのことを消化できない間は、まるでとらわれの身にでもなったかのように、自分自身が立ちすくんでしまいます。でも、相手はもうそこにはいません。不公平ですね。

納得できる答えは、もう二度ともらえないかもしれないし、理不尽な出来事に対してのモヤモヤは、そう簡単には消えないでしょう。私はこの状態を「心が成仏できないで彷徨《さまよ》っている」と表現するのですが、心が成仏できないって苦しいですよね。

でも、**私たちはまだ生きています。そういう状態であっても、ちゃんと人生のゴールに向かって進んでいます。**心は止まっていても、時間は流れ、季節はめぐり、また新しい年を迎え……と、わかりやすい形で、前に進み続けているのです。

それって、すごいことだと思いませんか？

モヤッとするけれど、ツライ記憶もあるけれど、まだ癒されていないけれど……、でも、今ここにいる！

あなたは素晴らしいのです。

「あんなことがあって、私はかわいそうだった」

過去に引っ張られて、そう思いたくなる日があってもいいのです。怒っても恨んでも泣いても、どう思うのも自由です。究極なことを言えば、怒りを抱えたままでも、とんでもなく幸せになっていいのです。

「あれを乗り越えた私ってすごくない!?　強いよね」

そう調子に乗ってみてください。

そのことをK代さんに伝えたら、パッと顔が明るくなって、「少しずつかもしれませんが、成仏できそうな気がしてきました」と、初めて笑ってくれました。

DAY
5

TODAY'S LESSON

今日のレッスン

過去のすべての出来事に○（マル）をつける！

あなたが経験したさまざまな出来事の記憶は、ムリに振り返ったり消そうとしたりする必要はありません。心の中にそっと置いておくイメージで大丈夫です。

今日は、あなたが経験してきたこれまでのすべての出来事に対して、○（マル）をつける日にしましょう。


よかったことも、そうではなかったことも、今となってはすべてが過去です。

過去をやり直すことはできませんが、過去の出来事をどう思い、どう扱うのかは、あなたの自由です。


「今までよくがんばってきたよね。これからはご褒美を受けとるだけでいい♪」

そう声に出して言ってみましょう。

言葉にしたところから、新しい流れが生まれます。

DAY
5

TODAY'S LESSON

今日のひとこと

これからあなたが受けとるご褒美の数々……。
それは、過去のあなたからの素晴らしいギフトです。
「ありがとう！」と、遠慮なく受けとってくださいね。

DAY 6 自分にちょっと意地悪な質問をする

私は子どものころからお芝居や小説の世界が好きで、ふとした瞬間に妄想の世界に飛んでいってしまうことがありました。特に好きだったのが「先生」になることで、「先生」と「生徒」の一人二役を演じてはイメージの中でごっこ遊びをしていました。

うっかりそんな話をしたことで、周りからは「変な子」扱いされてしまいましたが、この一人二役の遊びが、大人になってからとても役に立つことに気づいたのです。

それは、**自分自身に問いかけたり、状況を客観的に見ることで、どんな状況にあっても解決策を見出すことができるようになる**からです。

これは一生の武器になる！　そう確信しています。

何かに行き詰まったような気がするとき、悩み深き落とし穴にストンと入り込んでしまったようなとき、一番大切なのは、落ち着いて状況を冷静に見ることだと思います。

もし、まったく同じような状況にいる友人が、「私はどうしたらいいと思う？」と相談をしてきたら、あなたはどんなアドバイスをするでしょう？

きっと、落ち着いて適切なアドバイスをすると思います。

人は他人のことは冷静に判断することができますが、自分自身のことはよくわかっていないものです。私はこれを「**灯台下暗し現象**」と呼んでいるのですが、近すぎて見えにくくなっていることは確かにあります。

どうしたらいいのかわからなくなったときは、まず一歩引いて落ち着いて見ることです。引いて見ることで、それまで目に入らなかったことが見えてきたり、物事の本質がわかったりするからです。

そして、一人二役のイメージで先生役の自分を登場させて、自分自身にちょっと質問をしてみると、ここで意外な本音が出てきたりもします。その「ちょっと」の質問は、できるだけ意地悪なものにしてみましょう。

たとえば、あなたが職場の人間関係で悩んでいるとします。特に直属の上司との関係性が悪く、それが大きなストレスになっています。今日、積もりに積もった不満が爆発して、とうとう上司と衝突をしてしまいました。

「やってしまった」という後悔と、「私だって限界だったんだ！」という怒り。いろいろな気持ちが入り乱れて、この先どうしたらいいのかわからない……。

そんなときこそ、先生役の自分の出番です。

「○○さん、あなたは今日、上司と衝突しましたね？ 我慢できなかったのですか？」

うわぁ、意地悪な質問ですね。衝突したくてしたわけじゃないのに……。

でも、この質問にどうしても回答しなくてはいけないとしたら、あなたはどんな答えを出すでしょうか？

「ずっと我慢してきたけれど、もうムリなの！」

「だって、あの人、私にばっかり仕事を押しつけるんだもの」

「私だって、言われっぱなしではなく、自分の意見をちゃんと言いたかった！」

そんな答えが出てくるかもしれません。

意地悪な質問をされたら、「私にだって言い分があるのよ！」と、思いっきり言い返したくなりますよね。そこで出てきた言葉や思いが、「本音」です。本音を出すことによって、だんだんと心が落ち着くのは不思議な現象ですが、かなりスッキリしますよ！
本音を出して少し落ち着いたところで、心の奥底に隠れていた思いが出てくるかもしれません。
「上司が……というよりも、そもそも今の仕事が楽しくなかったのかもしれない」ちゃんと理由があっての衝突だったのですね。そろそろ新しい道を探すタイミングなのかもしれません。

一人二役であれこれ言い合うのは、誰にも迷惑をかけませんし、自分の中だけで完結できます。

もう一人の自分からの意地悪な問いかけによって、落ち着いて状況が見られるようになります。そうすれば、本当に望む道を歩んでいけるようになるのです。

DAY 6

TODAY'S LESSON

今日のレッスン

自分に意地悪な質問をして、本音を知る！

ここ最近のことを振り返って、納得がいかないことや、モヤモヤすることがありますか？　もしあれば「〇〇さん、どうしてそんなことをしてしまったの？」と、本当に意味がわからない……というかんじで自分に意地悪な質問をしてみてください。

「だって、〇〇だったから!!」「あのときはあれで仕方がなかったの！」など、本音の反論が出てきたら、「そっかぁ。なるほどね。そうだよね」と、先生役のあなたは、その思いをまるっと受け止めてあげましょう。

このレッスンは、あなたの本音を引き出すことが目的なので、ダークな思いも含めてどれだけ出しても大丈夫です。遠慮なくどんどん出しましょう。意外な自分の本音が出てきて驚くこともあるかもしれませんが、それも含めて面白い発見です。

出てきた本音を「そうだよね」と受け止めてあげるだけで、あなたの心は軽くなり落ち着きを取り戻していきます。

DAY
6

TODAY'S LESSON

今日のひとこと

この世で一番のデトックスは、「自分の本音を出すこと」です。いつでもどこでも、自分一人でできるこのレッスンは、すぐにあなたの心を軽くしてくれます。

思いをため込まずにはき出すことで、あなたは新しい流れを引き寄せることになります。楽しみですね☆

DAY 7 これからの人生の脚本を考えてみる

「この世界はあなたがつくっています」

いつだったか、そんな言葉を言われたとき、私は「いえいえ、そんなことはないですよ。それは信じられません」と真顔で返事をして、相手の方を困らせてしまいました。

この世界にはいろいろなことが起き、いろいろな人が暮らし、想像もできないことがまだたくさんあります。そんな世界を私がつくっているなんて、とても信じられなかったのです。

今でもその思いは変わらないのですが、

「私自身の世界を私がつくっている」

この点は、理解できるようになりました。

たとえば、私が（演技でも）朝から不機嫌モードをまき散らして、ふて腐れた顔で人に会い、わかりやすいくらいにイライラしていたら、少なからず周りの人たちも影響されて不機嫌になっていきます。ふて腐れた顔の人を前にして、楽しくワクワクした気持ちになる人はいないでしょう。そうなると、私はこの日、「私の周りの世界を不機嫌にした」ということになります。

その逆もあります！

私がご機嫌に過ごし、「ありがとう」をたくさん発し、感謝を持って人と接していたら、そこは穏やかな空気で満たされます。笑顔が笑顔を呼ぶという現象が本当にあることを私は確信しています。稀にわかり合えない人もいるかもしれませんが、このことについては後ほどお伝えしますね。

人だけではなく、ものや植物、ペットに対しても、温かい気持ちで向き合っていたら、きっとそこには温かい時間が流れます。**年齢も立場も関係なく、私たちは存在しているだけで、目には見えなくても自分発信で何かしらの影響を与えているようです。**

たとえ小さなことでも、確実に自分自身が「創造」していることはあって、自分次第で変えられることも、まだまだたくさんあります。私は、それが「希望」だと思っています。

うまくいっていないことがあっても、運命や宿命という言葉に負けないでください。

ここからまた自分の望む世界をつくっていけばいい！
何度でも自由につくり直していけばいいのです。

私はこの「世界をつくり直す」作業を、**「人生の脚本を書き直す」**というイメージでとらえています。

どんなドラマや映画にも脚本がありますよね。プロの脚本家は、主人公にそれはそれはドラマティックでドキドキする未来を用意してくれます。バッドエンドで終わりそうな気がして怖くてハラハラしても、最後にハッピーエンドをくっつけてくれると「あー、よかった！」と観ている側もホッとしたりします。

私たちの人生にも、自分専用の脚本を用意すれば、もっともっと楽しく理想の世界で生きられるようになります。

実は今までも、私たちは無意識のうちに自分に対して脚本を与えていたのかもしれません。「こっちを選ぶのが普通の幸せ」「それは難しいよね」「高望みはしてはいけないからやめておこう」など、勝手に自分をこのくらいでいいでしょ……と決めつけて、枠からはみ出ないように生きてきた方もいらっしゃると思います。

「私のこと？」と思われたあなた！
その脚本、常識という古い設定のままになっていませんか？

現状に心から満足ができていないのなら、今の脚本を上書きして、また新しいストーリーを自分に用意してあげれば、新しい風が吹きますよ。

DAY 7

TODAY'S LESSON

今日のレッスン

オリジナル脚本をつくる！

【用意するもの】

●紙とペン（レッスン1のノートをそのままつかってもいい）

【人生脚本のための4ステップ】

1 これからあなたの世界に登場する人物を選出する

すでに出会っている人たちの中からも、「この人には登場していてほしい！」と思う人がいれば、そのまま脚本の中に入れてあげてください。

2 ここであなたの世界から降板する人物を選出する

努力をしてもわかり合えない人、お互いにストレスになる人、一緒にいることで自分の自信がどんどん奪われる人など、そろそろ別々の道を進みたいと思う人がいれば、どこかのタイミングで降板という設定を入れましょう。

それは「お互いに少し距離を置いてそれぞれの場所で幸せになりましょう」というポジティブな設定になります。気兼ねすることはないのでご安心を！

3 場所・環境を設定する

あなたの理想とする生活や働き方はどんなイメージでしょうか？

主人公であるあなた自身に、どんな環境を与えてあげたいですか？

4 経験を設定する

行ってみたい場所や経験しておきたいことは、思いついたときに脚本の中に入れてあげましょう。余暇を楽しむイメージもたくさん決めていけたら素敵ですね。


「先に決める」「先に思考する」ことのチカラは絶大ですが、この脚本づくりは、あなたがあなたの世界を自由につくっていける、大きなきっかけになるはずです。

上書きは自由！　大切なあなた自身に、楽しい脚本をつくってあげてくださいね。

DAY
7

TODAY'S LESSON

今日のひとこと

古い脚本を手放した今、あなたは思い通りの人生を送ることができます。
登場人物も景色も変わって、今日から新しい物語のスタート！
ワクワクしますね。

《コラム1　感情の取り扱い方》

喜怒哀楽。そのすべての感情は、人としてみんなが持っているもの。

どれがよくてどれが悪いと、決めつけたり自制するのではなく、どんな感情も認めてあげられたら、その先で自分がラクでいられます。

大笑いしてもいい、泣いてもいいし、怒ってもいい。自然な感情にフタをすると自分が苦しくなってしまうので、「感情を認めるツール」を持つことをオススメします。

実は私、【隠しツイッター】を持っています。いわゆる鍵つきのツイッターアカウントです。非公開なので、私以外、誰も見ることができません。

そのアカウントは「ひとりごと専用」として、ふと思ったこと、感じたこと、気づいたことなど、スマートフォンから気軽にちょこちょこと書き込んでいます。

くだらないことも、いいことも、悪いことも、何でも！

そんな何気なく始めたツールが、日々の感情整理にとても役立っています。

やっぱり感情をため込まないって大事！

そこには、ときにダークな自分や、みっともない自分がいたりもするけれど、それはそれでいいのです。だって、私しか見ないから。不満や悪口だって書いちゃいます。でも、書いてスッキリ！　書いたらもうその問題は終わった気がします。だったら、「よし！」ですよね。

本音しかないからこそ、後で読み返すと面白いものになっていますし、あんなに泣いていたのに、あんなに悩んでいたのに……今、たこ焼き食べながら笑って読み返しているよー（笑）って、少し先でネタにできたりもしています。

そういうときに、いろいろあるけれど、自分はちゃんと進んでいるんだなぁって嬉しくなります。

ひとりごとツイッター、よかったら試してみてくださいね♪

WEEK

2

意識が変われば未来は変わる

DAY
8
変換術で遊んでみよう

今日は、あなたを取り巻く世界がパッと明るくなる「すぐに使える楽しい変換術」をお伝えします。

この世のすべての物事は、表裏一体です。表があれば裏もあり、光があれば影もあります。私たち自身にもポジティブとネガティブが存在しています。

物事をどちら側から見るのか、どうとらえるのかで、まるで違う世界を知ることができます。

たとえば、「今日、階段で転んでしまった」という出来事が起きたとしましょう。

「私ってホントに運が悪いなぁ。お気に入りのバッグに傷がついちゃった。最悪」というとらえ方があります。多くの人はこちらかもしれません。

しかし一方で、「これくらいですんでよかった！　バッグが私を守ってくれたのかも。これで今シーズンの厄払いができたことにしよう」というとらえ方もできます。

どちらを選ぶのも自由ですが、後者のほうが、自分を責めずに軽やかに過ごせそうですよね。


転んだ瞬間に見えるのは「最悪！」というネガティブな世界だったとしても、一呼吸おいて出来事を脳内で「変換」することによって、「これくらいですんでよかった！」というポジティブな世界が見えてきます。

この脳内変換のことを、私は「変換術」と呼んでいます。

「変換術」は、起きた出来事や状況に対してだけでなく、自分自身のイメージをポジティブに変えたり、自己肯定感を上げることにもつかえます。

私は根っからのポジティブではありません。もともとの性格は卑屈で怒りっぽくて心配症です。今でもその性格は持ち合わせたままですが(笑)、変換をたくさんする中で、自分の中に隠れていたポジティブな面を発見して、自分を肯定することができるようになりました。そうしたら、起こることや引き寄せることもどんどん変わり始めました。

「自分自身が自分をどう見ているのか？」

これは、とても重要です。

「私って運がいい！」と自分で思える人は、周りから見ても本当に運がいい人になっていきます。自分のイメージ通りのことを引き寄せるからです。

あなたの世界からネガティブを完全に消すとかゼロにする必要はありません。

「ネガティブ40：ポジティブ60」でもポジティブが勝ちます。

変換術をつかって、もっともっとこの人生を楽しんでいきましょう！

DAY
8

TODAY'S LESSON

今日のレッスン

ネガティブをポジティブに変える!

物事には表と裏があります。次にあげた4つのややネガティブなイメージをポジティブなイメージに「変換」するとしたら、どんな言葉になるでしょうか。考えてみましょう。これが「変換術」です。紙に書き出すとやりやすいと思います。

1 **「私は飽きっぽい、物事が続かない」**

2 **「私は他人の目を気にしすぎてしまう」**

3 **「私は気分屋で気持ちのアップダウンが激しい」**

4 **「私はかなえたい望みに執着してしまう」**

DAY 8

TODAY'S LESSON

いかがですか?

ここでは参考までに私が思う答えを書いてみます。

1

「私は飽きっぽい、物事が続かない」

←『私は好奇心旺盛で物事に見切りをつけるのがうまい』『切り替えが早い』

飽きっぽさは短所ではなく、長所になりました。

2

「私は他人の目を気にしすぎてしまう」

←『私はその場の空気を読むのがうまい』『人に気をつかうことができる』

自分がない弱い人ではなく、心配りができる愛がある人なのでしょう。

3

「私は気分屋で気持ちのアップダウンが激しい」

←

『私は感受性が豊かでハッキリしている』『自分に素直に生きることができている』

自分らしくいられることは素晴らしいですね。

4

「私はかなえたい望みに執着してしまう」

←

『それほどまでにどうしてもかなえたいことに出会えた（引き寄せた）』

『かなえたいことを考える時間がたくさんあって私は幸せだ』

人はどうでもいいことには執着しません。かなえたいことがあるのは幸せなのです。

このようなかんじで変換術をつかってみると、言葉もイメージもまるで違うものになります。変換する言葉は何通りもあるので、正解はありません。自分や状況を肯定できるものであれば、何でもＯＫです。

たかが言葉、されど言葉です。
言葉を変えたら意識が変わります。

DAY
8

TODAY'S LESSON

今日のひとこと

この変換術は、一度身につけたら一生モノです！
一生あなたを助けてくれます。
気づいたらポジティブな面が目に入ってくる……。
そんな世界をお楽しみに☆

1週間前の実験の答え合わせ

次のレッスンに入る前に、ここで先週のおさらいをしてみましょう。

2日目「あなたの引き寄せ力をつかってみる」のレッスンで、引き寄せ力を発揮する実験にチャレンジしました。

あれから1週間……あのときに決めた3つのことは、引き寄せられましたか？

「全部、引き寄せられたよ！」という方、おめでとうございます！

素晴らしいですね。その調子で、また新たに3つのことを決めてみましょう。

今回も、「それを引き寄せたらテンションが上がるけれど、引き寄せられなくても困らないこと」というイメージで決めてみるのがいいでしょう。何回か続けてみて、決めたことが引き寄せられていると実感できたら、「引き寄せたらすごく嬉しいこと」「引き寄せたら感激すること」と、設定をステップアップしていくとやりやすいと思います。だんだんと本命に近づいていくイメージです。

「まだ全部は引き寄せられていないよ！」という方は、ちょっとテンションが下がってしまっているかもしれませんが、大丈夫です！

私も引き寄せ実験の初心者のころは、まとめて全部は引き寄せられなくて、「やっぱりムリですよね～」といじけてしまっていたりしました（何度も投げ出して、またやり直しての繰り返しで、気づいたらできるようになっていました）。

今だからこそわかるのですが、上手に引き寄せができなかったときは、それまでの思考の癖で「たぶんムリ」「そんなに簡単ではないだろうなぁ」「やっぱり信じられない」という思いが出てきてしまっていたり、「ダメだったらどうしよう」という不安のほうが強くなっていたような気がします。結局のところ、自分の深いところにある思いが勝ってしまっていたようです。

「全然引き寄せられていない」という方も大丈夫です。ご安心を！

実は、そんなあなたにご提案があるのです。

思考の癖を逆手にとって、「〇〇を引き寄せよう」ではなく、「〇〇が引き寄せられたらどうする?」と自分に問いかける形で設定してみてください。
たとえば、「赤い花を引き寄せよう」と決めると、つい力が入ってしまったり、黄色い花しか見つけられない……と焦ってしまうかもしれません。でも、「赤い花が引き寄せられたらどうする?」と問う形なら、大きな抵抗や不安が生まれない上に、あなたの思考の中にはしっかりと「赤い花」がインプットされます。

「〇〇が引き寄せられたらどうする?」

この〇〇に、「それを引き寄せたらテンションが上がるけれど、引き寄せられなくても困らないこと」を入れて、リトライしてみましょう。
今度はきっとうまくいくはずです。

DAY 9 眠りながら願いをかなえてみる

寝ているだけで願いがかなったら最高なのに！

面倒くさがりでラクをすることが大好きな私は、引き寄せの法則を知った直後から、そんなことを思っていました。

でも、元来ネガティブな私は、なぜか夜になると不安の渦に飲み込まれるように、「そうなってほしくないこと」「そうなったら困ること」を考えることが多く、不安に怯《おび》えながら眠りにつくような毎日を送っていました。そして、翌朝、目覚めた瞬間から「あ、今日もダメだな」「今日も試練の1日だ」と、気怠さとネガティブな感情が出てしまっていたのです。現実にはまだ何も始まっていないのに、テンション低めな1日がスタートします。起きた瞬間から疲れている……そんな感じでした。

かなえたいことや希望はあるけれど、ネガティブなイメージに支配されてしまう……。そんな日々を繰り返していたある日、ソファーで映画を観ながら寝落ちしてしまったことがありました。その映画は、「そんなにうまくいくわけないでしょ？」とツッコミを入れたくなるくらいに、どんどん願いがかなっていく幸せな女性が主人公でした。

どのあたりで寝てしまったのかはわからないのですが、なぜか夢の中で私はその主人公になりきって、笑顔で人生を謳歌していました。目が覚めたときに、「もう少しこのままでいたい！」と思ってしまったくらい、ものすごく楽しい気持ちになっていたのです。「面白い夢だったなぁ。でも、あれは夢。今日はまた厳しい現実が始まるんだ」とわかっていながらも、不思議とフワフワとした心地よい感じがありました。

特別なことは何もない1日でしたが、その日はイライラやため息がいつもより少なくて、夜までずっと心が穏やかだったことをハッキリ覚えています。

もしかすると、楽しい夢を見たからかな？

そう思った私は、その夜、幸せな主人公が出てくる物語を読んで寝ました。ハッピーエンドが条件でした。前日のような楽しい夢は見られなかったけれど、やっぱり起きた瞬間に心も身体も軽く、2日前までとは、まるで気分が違っていました。

この「眠る前に楽しいことに触れる儀式」を1週間続けてみたら、まず愚痴を言いたくなることが減りました。**言わないように我慢したわけではなく、愚痴を言いたくなることが起きなくなったのです。**

体調も心なしかよくなり、あれをやってみたいなぁ……という意欲も出てきました。

これはどういうことなのか？

自分なりに考えた結果、**「人の意識には、眠りにつく前に思考したことが残り、それが朝まで（目覚めるときまで）続く」「人は寝ているときにも何かを思考し続けている」**という、潜在意識の引き寄せがそのまま働いていることに気づいたのです。

前日の夜から、翌日の準備が始まっている！

ただ、まだこの時点では半信半疑だった私は、ある余計な実験をしてみました。

眠る前に「スリルや恐怖」の世界に触れてみたらどうなるだろう？

集中してミステリー小説を読み、自分が犯人に追いつめられる被害者になったイメージで眠りについた日のことです。夢の中で何かと戦っていた気はしますが、それよりも、目が覚めたときの疲労感と無気力な状態に驚きました。眠る前に感じた「スリルと恐怖」が、まだ意識の中に残ってザワザワしているようで、気持ちが重いまま1日が始まり、そのまま小さなトラブルやイライラを引き寄せた1日を過ごしたときに、確信したのです。

眠る前に何を考えるのかで人生は変わる！
眠る前の時間をもっと大切にしたほうがいい！

「寝ているだけで願いがかなう！」

この楽しすぎる秘密を、あなたも今夜から一緒に共有しませんか？

DAY
9

TODAY'S LESSON

今日のレッスン

眠る前の時間を有効活用する!

夜、眠る準備を整えたら、レッスンスタートです。

まずは、今日1日、本当にお疲れ様でした!

「よくやったね! お疲れ様」の言葉を、自分自身にかけてあげましょう。今日がどんな日だったとしても、「今日も生きた!」それだけでもう十分です。誰のためでもなく、あなた自身のために、まずは自分をいたわり褒めてあげましょう。

そして、どんなことでもいいので、できるだけ楽しいイメージや行動を選んで夜の時間を過ごしてみてください。眠りにつくまでの短い時間でも大丈夫ですよ。

もし、何もできない、何も思い浮かばないということならば、横になってから顔だけでもほほえんでみて♪

明日、目が覚めるのが楽しみですね!

DAY
9

TODAY'S LESSON

今日のひとこと

眠る前に楽しいことに触れる儀式を取り入れるだけで、
あとは勝手にうまくいくこともたくさんあります。
まさに「果報は寝て待て」ですね！

DAY 10 スッキリ元気に1日をスタートさせてみる

ご安心ください。「早起きしましょう!」という話ではありません。

私自身、朝型か夜型かと問われたら、間違いなく夜型なので、どちらかというと朝の時間はぼんやりしてしまうことが多いです。気合いを入れれば朝から動けますが、できれば朝はダラダラしていたいのが本音です。アイデアを出したり書きものをするときも、圧倒的に夜の時間(丑三つ時)にパソコンに向かったほうが、スムーズに進みます。

一昨年、ふと目にした記事で、朝型か夜型かは遺伝子で決められているということを知り、「だからがんばって早起きや朝活をしようとしても続かなかったんだ!」と納得しました。それと同時に、長い間、早寝早起きができない自分に負い目を感じていたので、ちょっとホッとしたのも事実です。

朝は苦手ですが、夜は何時まででも平気で起きていられます。深夜0時ごろから「さぁ、コーヒー飲んで仕事しよう♪」と、張りきり出す日もよくあるほどです。それならば、もういっそのこと、朝に寝て夕方から活動しようかな……と考えたこともありますが、残念ながら現時点ではそれはかなっていません。なぜなら、今の世の中は、朝を基準にして動き出すシステムになっているからです。相手が存在する仕事であれば、常識的な時間（日中）に打ち合わせをすることが多いですし、買い物も役所での手続きも通院も、夜にはできないことがたくさんあります。

あぁ、この世の中は、朝型さんに合わせたシステムになっているのだなぁ……と気づいたとき、「それならば、そこに適応していったほうが自分に都合のいいこともある！よし、そうしよう！」と決めました。

そのためには、自分なりに朝を制する必要があったので、まず「朝が苦手だ」と意識するのをやめました。「朝はツライ」と思うこともやめました。実際にそうであったとしても、そう思えば思うほど、「苦手」と「ツライ」が強調されることになるのは確かだと思います。

これは、朝にかぎったことではなく、どんなジャンルのことでも「どうしてもやらなければならないとき」は、できるだけ楽しそうなフリをして臨むことにしています。

私たちの人生には、ときに面倒くさいことや気が乗らないこともありますが、今すぐにやめられないことであれば（どうせやるのなら）、フリでもいいので楽しそうにやったほうが絶対に楽しいことになります。「ごっこ遊び」の感覚ですね。

次のページで具体的にお伝えしますが、私が1日のスタートに始めた「ごっこ遊びのレッスン」は、少しずつ友人たちやクライアントさんたちに広まり、今ではみんなで朝のスタートを楽しめるようになりました。

私のように、朝は苦手……朝は気が重い……低血圧でテンション低め……という方にこそ、オススメしたいレッスンです。

DAY
10

TODAY'S LESSON

今日のレッスン

「ごっこ遊び」をやってみる！

今日、眠りにつくときに、「明日の朝はこんな『ごっこ遊び』をするんだ！」とイメージをしておいてくださいね。オススメしたいのは、次の4つの行動です。

1　目が覚めたら、まず最初に「あー、よく寝た！」と言ってみる

「寝不足でツライ」と思うよりも、「とりあえずよく寝た」ことにしてしまったほうが、調子が出ます。もちろん、きちんと睡眠を取ることが理想ですが、難しいときには応急処置的なイメージでつかってみてください。脳をだましてしまいましょう。

2　「今日は面白い1日になる！」と先に決める

今日という真っ白なページをどう過ごしていくかは、朝のスタート時に決められます。意識したことが引き寄せられてくるのですから、「今日は大変な1日になりそうだ」と思うよりも、「面白い1日になる」と決めたほうが、今日という日にワクワクできます。

3 金の卵とお金持ちコーヒーをいただく

目玉焼きやオムレツをつくるとき、「この卵は金の卵だ！」とイメージします。そして、朝のコーヒーをマグカップに注ぐときには、「これはお金持ちコーヒーだ！」とイメージします。金のパンでもサラダでも、お金持ちジュースでも何でもいいのです。いつもの朝食タイムが金運アップの時間になると思うと、楽しいですよ。

4 鏡の前で笑顔をつくってから出かける

朝の仕上げはこれです。とりあえず最初に笑っておく！

「大丈夫、心配ないよ、今日もうまくいくよ！」

そんな自分へのエールも込めて、ニコッと笑ってから出かけましょう。

笑顔のおまじないの効果は絶大です。

DAY
10

TODAY'S LESSON

今日のひとこと

どうせ同じ1日を過ごすのなら、
ラクで楽しくて軽やかなほうがいい!
この「朝の儀式」で、あなたの毎日は
どんどん面白いものになっていくことをお約束します☆

DAY 11 「肯定の眼鏡」をかけて過ごす

私たちの毎日には、本当にいろいろなことが起こります。その出来事や関わる人たちに対して、よい感情を抱くこともあれば、イヤな感情が湧き上がることもあります。

それでも、一度きりの人生ですから、できるだけよい感情を増やして穏やかに過ごしたいですよね。

私が思う**「幸せな人」は、しっかりと自分という軸を持っていながら、思考がとても柔軟でユーモアがある人**です。他者や環境に影響されすぎず、だからといって頑固になりすぎず突っ張らず、「私は私」「あなたはあなた」を自然に認めることができる人は、とても魅力的です。その人が自分らしく飾らずにいることで、周りの人もいい意味でチカラが抜けてラクでいられるようになります。

特別なことをしているわけではないのに、なぜかその人の周りには穏やかな空気が流れ、笑顔の人が集まってくる……そういう人に出会うたびに、私は憧れの眼差しで見つめ、「一体、何が違うのだろう？」と観察しました。

そして、わかったことは、どうやらその「幸せな人」は、とっておきの秘密道具として、「肯定の眼鏡」を持ち合わせているようだ……ということです。

私が知る幸せな人たちは、皆、目には見えないこの不思議な名前の眼鏡を上手に使いこなしていました。

「肯定の眼鏡」は本当に素晴らしい道具で、ストレスを減らし、人間関係を円滑にしてくれるだけではなく、自分自身によいことを引き寄せるきっかけづくりもしてくれるようです。高価な洋服やバッグ、アクセサリーも素敵ですが、ぜひこれからの人生のお供に、あなたにも「肯定の眼鏡」を持っていただきたいと思います。

「肯定の眼鏡」を持っていなかったかつての私は、とても「おこりんぼう」でした。目の前で信号が赤になった、ストッキングが破れた、人ににらまれた気がする、食べたいパンが売り切れだった、同僚から自慢話を聞かされた……など、日常のありとあらゆるシーンでイライラしていました。どうしてそうなってしまったのか、ハッキリした理由は思い出せませんが、たぶん、私以外の人はみんな幸せそうに見えて羨ましかったのだと思います（悲劇のヒロインを勝手に演じていたのでしょう）。

そして、当時私が「この子は幸せそうだなぁ」と思っていた友人Aは、同じことを経験しても、私のように怒ってはいなかったのです。

こんなことがありました。

友人Aと一緒にいるときに知り合いのBさんとすれ違い、「おはようございます」と声をかけました。するとBさんは、何も言わずに私たちの横を通り過ぎたのです。

「何あれ？　今、無視したよね？」とイライラしている私。いっぽうで友人Aは、「考えごとをしていて気づいていなかったみたい。大丈夫かなぁ？」と、Bさんを気遣う言葉を口にしました。

「え？　そう思うの？　ちょっとお人好しすぎない？」と口には出しませんでしたが、

そう思って余計にイライラしたことを思い出します。

そのとき私たちは、同じ場にいながらまるで違う世界を見ていました。「否定の眼鏡」をかけていた私は怒りを感じてイヤな気分になり、「肯定の眼鏡」をかけていた友人Aは怒りを感じずに穏やかでいられた――こういうことが毎日のように起きていたら、取り巻く世界が変わっていくのも納得できます。

行き違いやすれ違い、怒りや悲しみの多くは、この「眼鏡のかけ違い」によるものなのかもしれません。

先に否定をすれば否定されることを引き寄せ、肯定をすれば肯定されることを引き寄せます。それならば、できるだけ「肯定の眼鏡」をかけて、肯定した目で人や状況を見ていくほうが、結果的にお得な上に、ラクですよ（怒りは心身を疲弊させますから）。

DAY
11

TODAY'S LESSON

今日のレッスン

「肯定の眼鏡」をかけて世界を見る！

イメージの中で、「肯定の眼鏡」を用意しましょう。どんな色にしますか？　どんなフレームにしましょうか？　それは、あなたの人生を楽しくする秘密道具です。

その眼鏡をかけたあなたの目に映るのは、「肯定の世界＝すべてOK！　すべてよし！の世界」です。その新しい世界を楽しみましょう。

どんな肯定のアレンジも、あなたの自由です。ゲームのように楽しんでくださいね。

これは決して、「我慢して怒りを抑えましょう」といった自己犠牲的なことではなくて、自分のためにする自分を守る行動です。

肯定が返ってきたら、やっぱり嬉しいし、わざわざ余計なストレスや怒りを抱え込む必要はありません。

DAY
11

TODAY'S LESSON

今日のひとこと

「肯定の眼鏡」は、あなたをいつでも楽しませてくれます。
一呼吸おいて「ここに肯定できることはないかな?」と
探してみると、今まで見えなかった世界が見えてくるはずです。

DAY 12

ホッとすることに意識を向けてみる

「ワクワクすることに意識を向けるといい」
「ワクワクしていたら幸運が引き寄せられる」

私がいつも言っていることですが、一昨年の講演会後、参加者の方からこんなご質問をいただきました。

「会場にいるときはすごくワクワクして、もう何でもできるくらいの気持ちでテンションが高くなっていたのですが、いつもの日常に戻り、時間が経過していくと、だんだんとあのワクワク感が減ってしまいます。

すると今度は、ワクワクできないことに焦り、自分にガッカリしてしまいます。

どうしたらワクワクを持続させて幸せを引き寄せることができますか？」

この質問をくださったHさんとは、翌週、直接お話しすることができました。

「ワクワクできないときは、がんばってワクワクしなくても大丈夫ですよ」

「でも、引き寄せの法則では、ワクワクは必須のように言われていますよね。それができない自分は、そもそも引き寄せのスタートラインにすら立てていない気がして落ち込んでしまいます」

「もちろん、四六時中ワクワクできたら最高ですよね。でも、生きている間にはいろいろなことが降りかかってきますし、仕事や人間関係で疲れてしまうこともあるじゃないですか。どれだけワクワクしていようと思っても、そうならないときもありますよ。

たとえば、いい気分でワクワクしながら道を歩いていたのに、空から鳥のフンが落ちてきて自分に命中したらどうですか？　そんなことがあった日にワクワクするなんて、

私はムリですよ（笑）」

「うわぁ……そうでしょうね。私も虫が苦手なので、家の中に虫が入ってきた日はずっと憂鬱です。でも、そんなときは、どう過ごしたらいいんですか？」

きっと誰にでも、テンションが下がってしまうことやイライラするポイントがあって、それに当たってしまう日は、ワクワクなんてできないでしょう。

できないときは、もうあきらめてください。ムリをしない、がんばらないということです。そんなときには、ワクワクではなく、「**ホッとすること**」を自分自身に与えてあげることをオススメします。

「ホッとすること」は、誰にでも必ずあるはずです。

- ふとした瞬間に見上げた空と雲、ぼんやり眺めているだけでホッとするなぁ
- 仕事から帰ってきて、熱々のお茶を飲むとホッとするなぁ
- 昔から大好きな映画のお気に入りのシーンを観るとホッとするなぁ

あなたの心がホッとするのであれば、それはあなたにとって最高の時間。

その時間を手に入れることは、ワクワクすることと同じくらいの効果があります。

先ほどのHさんは、「ホッとすること」を毎日いくつか自分にプレゼントすることを始めました。すごくテンションが上がるワクワクはなかったけれど、毎日少しずつホッとする時間を積み重ねていった結果、自己嫌悪に陥ることがなくなったそうです。

そして、3カ月ほどが過ぎたころ、思わず叫びたくなるような素敵な出来事を引き寄せました。ずっと続けていた創作活動で、初めて自分の作品が入賞したという知らせが入ったとき、心の底からワクワクする感覚を味わったそうです。

「ムリにワクワクするのではなく、自分にホッとすることを与えてあげたら、それが少し先でワクワクの現実につながっていく！」

あなたの「ホッとすること」は、あなたを裏切りません。素晴らしい成果を見せてくれますよ。

DAY 12

TODAY'S LESSON

今日のレッスン

「ホッとすること」を見つけて実践する！

1 **「ホッとすること」を3つ見つける**

2 **早速、そのうちの1つを実行してみる**

3 **あなたがワクワクすることがやってくるまで、毎日「ホッとすること」を、自分にプレゼントしてあげる**

ホッとすること1つにつき、スタンプ1個のイメージです。スタンプがいくつかたまれば、ワクワクすることと自動的に交換ができるようになります。

4 **ワクワクすることがやってきたら、そのワクワクに思う存分ひたる**

そのワクワクに慣れてしまって、何も感じなくなったら、次の「ホッとすること」を自分にプレゼントしてあげましょう。これを繰り返すことで、どんどん幸せが引き寄せられます。

DAY
12

TODAY'S LESSON

今日のひとこと

あなたは、あなた自身が思うよりもずっと、周りの人や外の世界に気をつかっているのではないでしょうか。

「ホッとすること」は自分への最高のギフトです。

今日もお疲れ様でした☆

DAY 13 文字を書いて願いをかなえる

意識したり言葉にしたことが現実化していく！

ですから、言葉のつかい方はとても大切です。言葉は声に出して発するだけではなく、文字にするという方法もあります。このどちらも大切にしていくと、あなたの毎日はもっと楽しいものになります。

「文章を書くのが苦手で、書いて願いをかなえるということがどうしてもできません」

以前、このように相談をしてくださったTさん。

手帳や日記を書くことで願いがかなうのならやってみよう！　そう思って張りきったものの、今度は「書かなくてはいけない」「書かなくてはかなわない」という変なプレッシャーに襲われ、だんだんとノートを開くのが億劫になっていったそうです。書くのをやめてしばらくすると、また「やっぱり書いたほうがいいよね……」と不安になり、新しい手帳やノートを買ってくる。その繰り返しだとおっしゃっていました。

私が思う「書いてかなえる」には、ある言葉が加わります。

「〝楽しく〟書いてかなえる」

がんばって願望や思いを書くのではなく、らくがきのイメージです。

自分の中にあるイメージを絵や文字にすることを楽しむのです。

私は子どものころから絵が苦手なので、写生大会など「きちんと絵を描く」時間は大嫌いだったのですが、自分だけのらくがき帳にお絵描きするのは大好きでした。文字を覚えてからは、文字のらくがきも増えていった記憶があります。

らくがきをしているときの、いたずらをしているようなドキドキワクワクするかんじ。無心で黙々とペンを動かすかんじ。あの感覚を思い出してみるといいですね。

綺麗に書こうとしない、というのも大事なポイントです。誰に見せるわけでもありません。とにかく、楽しく気楽に書きましょう。

では、どうして、「書くとかなう」のでしょうか？

文字を書くという行為は、一種の瞑想状態に近いものがあると思います。

自分の心の内や頭に浮かんだことを紙に書いていくというのは、誰にも邪魔されない自分だけと向き合う時間です。内にある思いを文字にして外に出してみることで、自分にとって、何が必要で何が不要なのかがわかります。

ぎゅうぎゅう詰めのクローゼットを整理整頓するときに、入っているものを最初に全部出してから、「必要」「不要」に分けると作業がしやすいのと似ています。

ごちゃごちゃしている状態を整理することで、自分が望むことや目指していることがハッキリと見えてくる！

これによって、**「本音のゴール設定」**ができるようになるのです。ゴールが決まれば、あとは迷いなくそちらに進んでいくだけですので、とてもラクになります。

文章を書くのが苦手だと悩んでいたTさんにこの話をすると、

「え？　らくがきでいいのですか？」

と驚いていましたが、

「それならできるかもしれません。まずはやってみます！　せっかくなので、自分のテンションを上げるために素敵な万年筆を用意してみます！」

そう明るい声で教えてくれました。

2カ月ほど経ったある日、Tさんから手紙が届きました。

「この手紙は願いをかなえる万年筆で書いています」そんな書き出しから始まる手紙には、1冊のノートと万年筆を用意した日からの出来事がつづられていました。

「楽しいらくがき生活、ここまで続いています。最初の数日は、その日にあった出来事を思い出して書いたり、感情的になってしまったことや改善したいことを箇条書きにしていただけでした。特に読み返したいこともなかったので、愚痴をたくさん書いたページは破って捨てていました。そのうち、だんだんと、『あぁ、私は本当はこうしたかったのか』『好きだと思い込んでいたことが、実はもう好きではなかったのかも』『本音ではこっちの道に進みたい』など、今まで見えなかった自分自身が正体を現したようで、ビックリしました！

頭の中のごちゃごちゃを消したら、その奥に隠れていた本音が飛び出してきたかんじです。

そして、これがかなったら幸せだなぁ、こういう暮らしができたらいいなぁ、という願いが見つかり、それもノートに書きました。

書いた時点では、夢みたいなことだったのですが、そのうちの1つが急に動き始めました。

私、来月から新しい職場で働くことになりました。ずっと憧れていた仕事なので、あきらめずにチャレンジしてよかったと思います。

心が整うと願いがかなうという意味がようやくわかりました。

書いたらもう大丈夫な気がするので不思議です。大丈夫と思うから大丈夫を引き寄せるということですよね。

気楽に文字を書くことは、これから先もずっと続けていけそうです」

書くことで得られる心地よさと自信を、ぜひあなたも体験してくださいね。

DAY 13

TODAY'S LESSON

今日のレッスン

手紙を書く！

今日は、手紙を書いてみませんか？　大切な誰かに向けたものでも、ご無沙汰の挨拶やお礼状でも、自分自身に宛てるものでもいいですね。

今日のレッスンの目的は、「文字を書きながら心を整えて、願いをかないやすくすること」なので、書いてすぐに捨ててしまってもかまいません。綺麗に書こうとか、上手に文章を組み立てようといった余計なことは考えず、あなたが思うことや伝えたいこと、頭に浮かんだことなど、とにかく文字にして書いてみましょう。

「ちょっとスッキリしたなぁ」と感じるところまで書いてみるのがオススメですが、長くても30分ほど書けばもう十分です。ムリはしないで、続きはまた明日にしましょう。

どうしても手紙が書けない……というときには、文字の練習や写経など、あなたに合った方法で書いてみてください。

DAY
13

TODAY'S LESSON

今日のひとこと

不思議ですね。
一文字書くたびに、あなたの心が軽くなっていきます。
手書きの機会が少なくなった今だからこそ、その効果は絶大です。

DAY 14
願いをかなえた人として過ごしてみる

今日は、あなたの大切な願いがかなうスピードを上げる方法と、その楽しい実験をお伝えします。この実験、効果絶大でとにかく楽しいので、私は大大大好きです！

「私の願い、そろそろかなってくれないかなぁ～」

きっとかなうと信じていても、かなうまでの間は、待たされているようで焦るときもありますよね。

だからこそ覚えていてください。

願い事というのは、
寸分の狂いもなく「ベストタイミング」でかなう！

「今だからこそ、望んだ以上の最高の形でかなった！」

少し先の未来で、あなたはそう喜ぶことになっています。

でも、一つだけ気をつけたいのは、かなうことになっている願いを、私たちが自分で遠ざけてしまっていることもある……ということです。


これは私自身が過去に間違えてしまったことでもあるのですが、あなたがもっと幸運な人になりたいのならば、大切な願いをかなえたいのであれば、**悲劇のヒロインとして過ごすことだけはやめてください！**


私は子どものころに、「かわいそうな物語」の主人公が好きで、そういうお話をよく読んでいました。最後にはハッピーエンドになる話であっても、その途中の「あぁ、かわいそうに……」という部分に強く共感して、「うん、わかるよ。ツライよね」と、かわいそうな気分にひたっていたのです。

大人になってから知ったことですが、**人の脳というのは、「自分」と「他者」の見極**

めをするのが苦手なようで、お話の主人公を「本当にかわいそうな子」と思えば思うほど、「私、かわいそうな子」と認識してしまいます。悲劇のヒロインになるのは簡単なのです。

子どものころの私は、その素直さゆえ、現実の生活でも大変なことを引き寄せてしまい、本当に「かわいそうな子」と呼ばれるようになってしまいました。

悲劇のヒロインになりきって過ごしてみると、びっくりするくらいに似つかわしいことが起こりますので、絶対にやめてくださいね。

恋人の態度がそっけないことがきっかけで、「私がこんなに我慢していてかわいそうだってこと、彼にわからせたいの！」と荒れていた私の友人は、その翌月に、「一緒にいると、○○ちゃんがかわいそうになってくる。力不足で申し訳ない。別れてほしい」とフラれてしまいました。今では懐かしい笑い話になっていますが、自分で自分をかわいそうな子として設定するのは、本当に「百害あって一利なし！」です。

願いをかなえるスピードを上げるために大切なのは、悲劇のヒロインとは真逆の「幸せな人、楽しい人」になりきることです。

そのために私がやったイメージをご紹介します。

●恋人もいなくて一人で家にいる寂しい休日

「夫と子どもは夫の実家に帰省中。つかの間の一人の時間、さぁ、何をしよう？」

こんなふうに、すでに結婚している私になって過ごしました。

●次のお給料日までどう過ごそうか……と、不安な思いを抱えていたとき

「どうして定期預金に1000万円も一度に預けてしまったのだろう。すぐに引き出せないじゃない……。でも、時期が来たらいつでも引き出せるから、つかの間の節約生活ごっこでもしよう！」と、勝手に脳内貯金をつくったりもしました。

何かが変わり始めたのは、そんな遊びを始めるようになってからです。

脳内妄想（ごっこ遊び）のほうに向けるエネルギーが楽しくて強いものだったからか、妄想が現実化し始めたのです。「嬉しくて幸せで豊かなこと」がどんどん引き寄せられて、かなえたい願いがスルスルとかなっていきました。

私は『マイ・インターン』という映画が大好きで、もう何十回と観ています。あるとき、同じく『マイ・インターン』が好きな友人から電話がかかってきました。「私、アン・ハサウェイになれたかも♪」と、ご機嫌で言うのです（※アン・ハサウェイは『マイ・インターン』で主人公を演じています）。

よく話を聞いてみると、とても面白いことが起きていました。

彼女は映画に出てくるような、性別や年齢の壁を超えた、ユニークで温かい人たちに囲まれた活気のある職場で働きたいと願っていました。でも現実は、ただ忙しいだけで人間関係も希薄な職場に毎日通う日々……。理想とするイメージとはかなり差があるけれど、まずは、自分があの映画の主人公として過ごしてみようと思いついたそう（まさになりきりですね）。

しばらくは自分だけがアン・ハサウェイで、周囲は何も変わらなかったけれど、年度はじめのある日、彼女の会社にシニアのパートさんが数名入社することになり流れが一転したようです。

「そのシニアさんたちが、本当に温かい人柄の方たちでね。私たちも仕事を教えるけれど、あちらからも教わることがたくさんあって、毎日いい刺激をもらっているの。会話もユーモアがあって、気づいたらみんなで笑って話していてビックリ！　私が求めていた理想の職場にどんどん近づいてる！　これは絶対に、私がアン・ハサウェイになりきったからだと思う。そのうち体形も近づく気がして楽しみ〜」

なんとその後、「笑っていたら3キロ痩せたよ！」とメールが届きました。

あなたのかなえたいことが、すでにかなっているとしたら、今日をどんなふうにどんな気持ちで過ごしますか？

DAY
14

TODAY'S LESSON

今日のレッスン

願いをかなえた人として過ごす!

●日々の生活の中で、つい悲劇のヒロインになっていないかを考えてみる

もし思い当たることがあれば、「その役は今日で卒業!」と強い気持ちで決めてください。まずは決めるだけで大丈夫です。あなたはかわいそうな人ではありません。これからたくさんのご褒美を受けとり、願いをかなえる幸運な人です。

●願いをかなえた人のイメージを考えてみる

よくわからなければ、あなたが「素敵だなぁ~」「見ているだけで元気になれちゃう」と思える人をイメージしてもいいかもしれません。

そのイメージを参考に、1日10分ほど、「願いをかなえた幸せな人」として過ごしてみましょう。だんだんと歩き方や口癖も変わってくるはずです。

楽しくなってきたら、もう少し時間を延ばしてみましょうか。

DAY

14

TODAY'S LESSON

今日のひとこと

だんだんと、イメージのあなたと本当のあなたが重なるようになってきます。

「あれ？　私ってこういう雰囲気だったかな？」

「なんか、イイ感じ」

鏡を見てそんなふうに感じたときは、願いがかなう前触れです。

「願いをかなえた人になりきって過ごしてみる（ごっこ遊び）」

このお遊びで、あなたの大事な願いをかなえるスピードがグーンと上がるのだとしたら、こんなに楽しいことはないですよね？

《コラム２　執着と不安に打ち勝つ10ステップ》

人って、かなえたいことには執着してしまうし、不安になることを無意識で選ぶ生き物なのだと思います。

傷つきたくないから、いつもバリアを張って様子をうかがっていたのも自分。

失いたくない、拒絶されたくないと、本音を出さないでいたのも自分。

かなえていることもうまくいっていることも、実はたくさんあるのに……。

ありがたいことも実は目の前にたくさんあるのに……。

執着してしまうほどの強い願いや思いは、人の心に不安や恐怖を生み出すのです。

でも、これから先の人生で、ずっと不安や恐怖を抱えて生きるのは、やっぱりイヤですよね。そんな重苦しいもの、取っ払ってしまいたいですよね。


ここでは、私が実験済みの「執着と不安に打ち勝つ10ステップ」をご紹介します。

その① 執着してもいい♪

執着したいほど好きなこと、かなえたいこととの出会いを心から喜びましょう！

その② 放っておく♪

「私、こんなに執着しているよ」「すごく不安に思っているよ」と認めて、そのまま開き直って放置しておく。執着や不安は、今すぐどうこうしなくてもいいのです。

その③ ある日、突然気持ちが軽くなる♪

執着がはずれる瞬間です。好きすぎてどうにもならない！　とことん好きでいい！　こんなふうに、かなえたいことに対して針を振りきるようなかんじです。執着のゴールにたどり着くかんじですね。

その④ 不安＆恐怖と向き合う♪

執着ははずれてもまだ出てくる不安と恐怖。それらを悪者にしないでください。不安になるのも怖いのも当然のこと。だって初めての経験ですから。そう認めて自分の感情と向き合ってみましょう。

その⑤　どうして不安なの？　何が怖いの？　不安と恐怖の原因を知る♪

本当の答えは自分しか持っていません。「その不安の根っこにあるのは何？　何がそんなに怖いの？」と自分に聞いてみたら、答えが出てくるかもしれません。

その⑥　それでもやっぱりかなえたい？　気持ちを再確認♪

それほどまでにかなえたいことがあるって、本当に素敵なことです。
ここまで来たら、あなたは目には見えない不安やネガティブなイメージに勝つことができます。もう少しです。

その⑦　放っておく♪

この期間は、「かなえたいけど怖いなぁ」「幸せなはずなのにモヤモヤする」など、モヤがかかったような感じになりますが、それはそれでよしとしましょう。ムリにどうこうしないほうがいいので、放っておいてください。

その⑧ 傷ついてもいいよね……と開き直る♪

ここまで来たら怖いものナシ！　あなたの粘り勝ちです。

もし傷つくとしても、それはそのとき考えたらいいですし、今はとても乗り越えられないと思っても、未来のあなたはもっと強くなっていますから、意外なほど簡単に乗り越えちゃうかもしれません。

その⑨ 傷つく覚悟ができたら一気に楽になる♪

人って不思議なものです。何とかなるかもしれない……そうなったらそうなったときに考えよう……と、気持ちを軽くすると、だんだんと楽しくなってきて、本当に大丈夫な気がしてきます。

傷つくことを恐れなくなったとき、今、かなえようとしていることが、今よりもずっとずっと魅力的で楽しいことに変わります。そうしたら、ここで「楽しいことを引き寄せる！」に流れが変わるのです。

その⑩ 今も未来も楽しめるようになって、願いがかなう♪

かなってもかなわなくても絶対に楽しい。でも、正直かなう気しかしない！
そう思えば、ちゃんとかなっていきます。
ここまで来たら、もう何が起きても大丈夫です。
執着にも不安にも勝つことができました！　おめでとうございます！

この10の流れを知っておくと、どんなときにも落ち着いていられます。
新しい願いができて、新しい執着や不安が生まれても、
また自分の感情や本音と向き合って自分で乗り越えていけばいい！
それができるってわかっていたら、もう何も怖くないのです。

WEEK

3

行動が変わればもっと未来は変わる

DAY 15

「ありがとう」を惜しみなくどんどん言ってみる

とてもシンプルに、本音で望むことや、それに見合う言葉を意識すれば、裏切られることなく、あなたのところにそれは届けられます。

このことを忘れてしまうと、ついその逆の、望まないことや望まない言葉に意識が向き、望まないことを引き寄せ、「私の願いはなかなかかなわない。そんなに簡単じゃない！」という不満のループに入ってしまいます。

あなたが思考したこと、あなたが行動したこと、
あなたが言葉にして発したことが、
あなたの元に届けられる。

ここは大事な大事なポイントですね。

引き寄せの法則を上手にコントロールするときに、私が一番オススメしたいのは、**「ありがとう」**という言葉を発することです。

運気を上げるには「ありがとう」をたくさん言うといいということは、ご存知の方も多いと思いますが、そこに感情が入ると、さらによいことにつながります。

無表情のまま無感情で何百回と「ありがとう」を唱えるよりも、あなたが誰かに対して心を込めて言う「ありがとう」のほうが、何倍もよい引き寄せにつながります。

この数年、私の活動の一つとして「沖縄二人旅」がありました（2020年からは、コロナ禍でお休み中）。

クライアントさんと二人で、自由に沖縄本島を遊び尽くす企画です。レンタカーの運転やガイドは私が担当しますので、たくさん語り合いながら姫気分で旅を楽しんでいただいているのですが、この旅の間にクライアントさんからよく指摘されることがありました。それは、「まきこさんは、いつでもどこでも、必ず『ありがとう！』を言うのですね」ということ。自分ではあまり意識していなかったのですが、誰かと接することがあれば、必ず「ありがとう」を言っているということでした。

「あんなに軽やかに『ありがとう』が出てくるのは、習慣化されているからですか?」とも聞かれるのですが、たぶん、そうだと思います。


昔は人見知りで、人が苦手で、できれば言葉のやりとりをすることなく速やかにその場を立ち去りたいと思っていました。

今のように「ありがとう」を発することができるようになったのは、それを意識してやってみると決めたタイミングがあったからです。

「ありがとう」を惜しみなく発すると、もっと「ありがとう」を言いたくなることが引き寄せられる。

そんな話をどこかで聞いたことがきっかけだったように思います。


人が苦手とか人見知りとかは関係なく、それを言うと決めて最初だけ意識をしてみると、そのうちに「ありがとう」という言葉がどんどん口から飛び出してきます!

そして、またありがたいことが引き寄せられます。
人との関係性もグッとよくなる、ラクになるという素晴らしい効果もついてきます。

「ありがとう」言うのはタダ、リターンは無限大！

誰かに「ありがとう」を言って、あなたが損をすることは何一つありません。慣れるまでは、「どうして私ばっかり『ありがとう』を言わなくちゃいけないの？」とか、「私だって言ってもらいたいのに……」といった思いもあるかもしれません。それでも、そこは強い気持ちで乗り越えて、「ありがとう」のチカラを信じてみてください。

これは決して、あなたに我慢を強いるものでもなく、あなたを下げることでもありません。あなたがあなたのためにできる幸せを引き寄せる行動なのです。

DAY 15

TODAY'S LESSON

今日のレッスン

「ありがとう」を言う！

このページを読んだ後、次に会う人に「ありがとう」を言ってみましょう。どんな意味合いの「ありがとう」でも大丈夫です。次に会う人に言えなかったとしても、そこであきらめないで、その次に会う人に言ってみてください。

お礼を言うことなんて何もない！

そんなときは、去り際に「ありがとう〜」とサラッと言ってみるのはどうでしょう？慣れてしまえば、あなたにとって一生モノの素晴らしい魔法の呪文になります。

誰かに面と向かって言えないときは、メールやLINEでの連絡の挨拶文に、「いつもありがとう」と入れてみるのもいいかもしれませんね。

1日目、2日目、3日目と、どんどん「ありがとう」が増えていくのに比例して、あなたにありがたいことが引き寄せられるのがわかるでしょう。お楽しみに！

DAY
15

TODAY'S LESSON

今日のひとこと

「ありがとう」の言葉が起こす奇跡は、
まるで『わらしべ長者』の物語のようです。
言えば言うほど何かが与えられ、どんどん幸せになる
魔法の言葉は、あなたの人生を豊かにしてくれます。

DAY 16
「ながら行動」にストップをかける

「特別イヤなことがあったとか、大きな不安があるわけではないけれど、最近、妙に疲れてしまって、気怠くて睡眠も浅いです。そんなかんじなので、毎日をワクワク過ごすことが難しくなっています」

いつのころからでしょう。こうしたご相談をいただくことが増えました。

今はとにかく便利な世の中です。特にスマートフォンの登場は、マルチタスクを当たり前のものとしました。時間を有効活用できることは一石二鳥のように思えます。

私自身、「ながら行動」は得意なほうで、煮込み料理をしながら読書をする、家族と会話をしながら資料整理をする、お風呂に入りながらスマートフォンでドラマを観る、おやつを食べながら手帳とにらめっこしてスケジュール調整をする……など、マルチタスクと言えば聞こえはいいですが、かなり横着なことを当たり前にしていました。

久しぶりに「10年日記」を書こうと、分厚い日記のページを開いたときのことです。

「あれ？　今日の午前中は何をした？　昨日の夕飯は？」

「何か頼まれていた気がするけれど、何だったかな……」

記憶力だけは抜群だったはずなのに、すっかり自信を失いそうになったときに、マルチタスクをやりすぎて脳が疲れているのかもしれないと、ふと思ったのです。

脳が疲れてしまえばやる気も出なくなるし、身体は眠っていても脳は興奮状態で休めていないのかもしれない。そういえば、最近は前みたいに感動したりワクワクすることも減っている気がする。

これは、何とかしないと！

そこでまず、意識的にマルチタスク（ながら行動）をやめて、シングルタスク（一点集中）に切り替えてみたのです。そうするとすぐに気持ちが落ち着き、おいしくごはんが食べられるようになり、よく眠れるようにもなりました。このときに、便利さと幸福度は比例しないものなのだと気づきました。

早速、このことを冒頭のクライアントさんにお伝えしたところ、「私も何かをしながら次のことをするのが癖になっていました。ながら行動、しばらく封印してみます！」

とのお返事。

1週間ほどが過ぎたころ、彼女がはずんだ声で教えてくれました。

「私、大事なことを思い出しました。かなえたい願いがあったことすら忘れてしまっていたみたいです。最近はよく食べてよく寝て、小学生のころに戻ったみたいに無邪気に暮らしています。忙しい日もあるのですが、最低限、食事やお茶をしながらのスマホ操作だけはしないと決めています！　そうしたら、ちゃんと食べ物の味がするし、それを覚えていられるんですよ」

本当に忙しくて、仕方なく「時間がないから同時進行で！」という状況になることもあるでしょう。けれども、これを何度も繰り返していると、本当に2倍疲れます。そして、疲れるだけではなく「感じる能力」も衰えさせてしまいます。

「感じる能力」は、何かをかなえたり引き寄せたりするときにはすごく大事です。第六感というものです。「ピピッと来た！」という、あの感覚が鈍くなったら困りますね。

スマートフォンに夢中になりながらの食事は、味を感じられていないかもしれません。人と会っていても、どんな会話をして、相手がどんな表情をし、どんな服を着ていたのか、第三者とのメールに夢中で思い出せないかもしれません。薫り高いコーヒーを味わうことなく、気づいたらカップが空になっているかもしれません。

一つひとつは何気ないことですが、確実に私たちは、今を感じる力を衰えさせています。嬉しい、楽しい、おいしい、心地よい。そういう感覚を置き去りにして、他のことに意識を乗っとられているとき、私たちはそこに幸せを感じることも見出すこともできなくなります。

本来であれば、「このケーキおいしい！」と心がウキウキして、さらにウキウキすることを引き寄せる流れになるのに、よそごとに気をとられていて、そのケーキの味や香りが意識に入らなければ、その後のウキウキも引き寄せられません。それは、もったいないですよね。

DAY 16

TODAY'S LESSON

今日のレッスン

「ながら行動」をやめてみる！

「ながら行動」を毎日ゼロにするのは難しくても、少なくすることはできます。だんだん心が軽くなっていくのがわかってきますよ。次の順序で行いましょう。

- **まずは、あなたの得意な「ながら行動」を見つけてみる**
- **今から24時間「ながら行動」をやめる！　そう決めて過ごしてみる**
- **24時間が過ぎたら、「ながら行動」をできるだけ少なくすると意識して、過ごしてみる**
- **五感を研ぎ澄ませて、嬉しい、楽しい、おいしい、ありがたい、幸せ……など、たくさん感じてみる**

その感覚は、新たな幸せを運んできてくれます。

DAY
16

TODAY'S LESSON

今日のひとこと

最初の24時間は、
手持ち無沙汰でモゾモゾしてしまうかもしれませんが、
そこを乗り越えたら、心身ともに軽くなっていきますよ。
今を楽しみましょう☆

DAY 17

パワーチャージの時間を15分つくる

「運がいい人って、どんな人ですか？　何が違うのですか？」

ある講座で、そうストレートに質問をしてくださったのはKさんです。「幸運体質になろう！」という話がその日のメインでした。

確かに気になるところですよね。

同じように生きているはずなのに、人生楽勝モードに見える人。

いつも楽しそうに生き生きとしている人。

何が違うのだろう？　そこにどんな秘密があるのだろう？

考え始めると、羨ましいという気持ちが溢れそうになりますが……。

私はこの活動を通して、たくさんの方にお会いする機会をいただきました。その中に

運がいい人は、入ってきた運をずっと大事にできる人です。

は、「生まれた家が裕福だった」「理想の教育を受ける機会に恵まれた」「潜在的に素晴らしい才能がある」など、一般的に言う「運がいい人」もいらっしゃいます。実際にみんなから、いいなぁ……羨ましい……などと言われていたりするのですが、私はその方たちが何もしないでただ運がいい状態にあるとは、とても思えないのです。

たとえば、裕福な家に生まれるということは、スタートの段階では確かに運がいいのかもしれません。好機に恵まれるとか才能があるというのも、持って生まれた強運です。けれど、**運というのは、放置したり粗末に扱えば、泡のようにあっけなく消えてしまうものです。**その強運に負けないくらいのパワーがなければ、長く同じ状態を維持することはできません。宝くじで一攫千金を狙って大金持ちになった人が、数年後には一文無しになっているという話をよく耳にしますが、それは運を使い果たしたのではなく、その運をコントロールするだけのチカラが不足していたからだと思います。

運を維持するチカラを持つ人です。

これから大きな幸運をつかむことになっているあなたには、ぜひその運を維持するチカラを身につけてほしいのです。運をつかい続けながら運を増やしていくことができるようになれば、何の心配もいりませんね。

そのためにできることは意外とシンプルです。

毎日、自分にパワーを与える（パワーチャージする）！

イメージとしては、スマートフォンの充電です。どんなに便利で優秀で働き者のスマホでも、充電切れになったら、そのチカラを発揮することはできません。充電がゼロになりシャットダウンしてから再起動をしようとすると、そこで時間がかかりますが、ゼロになる前の10パーセントや30パーセントのときに充電すれば、そのまま継続してチカラを発揮することができます。これは私たち人間も同じです。

気力体力の限界までがんばりすぎないこと。疲れを感じたら少し緩めること。自分の

心をいたわること。

やることがいっぱいで忙しい、そんな余裕はない、それもよくわかります。でも、だからこそ、私たちは意識的に自分にパワーを与えていかないと、ある日突然どこかで充電ゼロになってしまいます。

時間ができたら休む……ではなく、順番を逆にするのです。

意識的に休む！　リフレッシュする！

そのパワーチャージの時間が、運のいい人の土台づくりの時間となり、ずっと変わらず運を維持していけるチカラを養うことになります。

1日15分でいいのです。自分の心がホッとできる時間を、何が何でもつくってあげてください。ぼんやりすることも、空を見上げることも、本を読むことも、ストレッチをすることも、お菓子を食べることも、手帳に思いを書くことも、どんなことも自分のためにすることはパワーチャージになりますよ。

DAY 17

TODAY'S LESSON

今日のレッスン

15分、パワーチャージする！

「もし、あなたがこれから先の2週間で、あなた自身に毎日15分の自由時間を与えてあげることができたら、2週間後に100万円をプレゼントします。チャレンジしますか？　しませんか？」

どうでしょうか？　もちろんチャレンジしますよね！　何が何でも1日15分の自由時間をつくりますよね！　ということは、自分だけの自由時間をつくることは不可能ではなく、あなたにできることなのです。

その15分をパワーチャージの時間として自由につかいましょう。

時間が空いたら……ではなく、「○時○分～○時△分までパワーチャージ！」と先に決めて、手帳やスマートフォンのアラームに登録しておくのもオススメです。

あなたのために至福のひとときを♪

DAY
17

TODAY'S LESSON

今日のひとこと

たった15分……されど15分。
あなたを幸運体質に導く大切な時間です。
毎日、意識的に充電しておきましょう。

DAY 18 本気を出してお金をつかってみる

ご存知の方も多いと思いますが、**「お金はつかえばつかうほど入ってくる」**という説があります。このことを知った若かりしころの私は、「なんて素晴らしい！　それならば、どんどんつかってしまおう！　あれもこれも買ってしまおう！」と調子に乗って、かなりの勢いで散財しました。苦い思い出です。

そのときに頭をいっぱいにした「つかっても入ってこないよ？」という疑問を解く鍵は、それから数年先に見つかりました。

きっかけは友人の言葉でした。年末に親しい友人たちと久しぶりに集まって食事をしたときに、友人Bが突然こんな話をしたのです。

「私ね、この1年でとんでもない金額をつかっちゃったの！」

その場にいたメンバーがざわつきました。

「えーー!?　いくらぐらい？」

「私、子どものときからお金を貯めるのが好きで、お年玉もお小遣いもほとんど貯金していたの。通帳を見てニヤニヤする変な子どもだった。会社に勤めてからも最低限の生活費以外は全部貯めていたの。その貯金を全部パァーッとつかっちゃいました!!」

「パァーッと!?」

「そう、1500万円くらいかな。貯金ゼロになったときはちょっと焦ったけれど、でも、こんなにお金をつかうのが楽しいのは初めての経験だった！」

その金額に驚いた私たちは、彼女からさらに詳しい経緯を聞いたのです。

そのころ、週末になると日帰り旅をするのがマイブームだったB。いつか、都会ではなく自然の多いところに住みたい！　そんな夢があったようです。ある春の日、気になっていた場所に出かけて散策をしていたら……、

「ゾクゾクするくらいにそこが気に入っちゃって！」

よくわからない不思議な衝動が突然芽生え、どうしてもそこに別荘を持ちたいと思っ

た彼女は、その勢いのままにネットで不動産屋さんを調べ、なんと本当に売りに出ていた別荘を即座に買ってしまったというのです。

「ほぼ衝動買いに近いかんじで、リフォーム代なんかは貯金では足らなくてローンを組んだけど、これがもう最高なのよ！　1ミリの後悔もない」

「でも、貯金ゼロにするのは、さすがに不安にならなかった？」

「そこまで不安はなかったよ。それよりも、本気でこれがほしいと思ったし、こんなに本気になれることにお金をつかうなら〝本望！〟ってかんじだった」

あっけらかんとした友人Bの姿が印象的でした。

翌年のこと。彼女はその別荘を拠点にして週末だけ創作活動を始めたのですが、次々とラッキーなことや応援してくれる人たちが現れて、どんどん仕事の依頼が入り、週末だけでは追いつかなくなってしまいました。そして、とうとう彼女は勤めていた会社を辞めて起業をしたのです。

「あのときにつかったお金、すぐに戻ってきたよ！」

お金を本気でつかったら入ってくる！

お金をつかったら入ってくる……その真実はこれなのです。「本気」が抜けて、中途半端な気持ちでつかっても、そこに望むリターンはないかもしれません。

お金をつかうときは「イチイチ本気で！」

何を買うときも、どんな支払いをするときも、そこにありがたいことがあったり、楽しい未来が描けたら、お金がなくなることはありません。一瞬減ったように思えても、また入ってきます。その逆で、中途半端な思いや人の目を意識して見栄でお金をつかうこと、ストレス発散の買い物などは、今日から少しずつ減らしていきましょう。

あなたの本気の思いは裏切りませんから、安心してお金をつかってあげてください。

DAY
18

TODAY'S LESSON

今日のレッスン

お金を本気でつかう！

今日から、お金を支払うときには、「このお金を本気でつかいます！」と、心の中で宣言しましょう。

少しでも迷うときには、1円たりともつかわない！
それくらいの強い気持ちでお金と向き合ってみてください。

お金はあなたの思いに連動して、増えたり減ったりを繰り返しています。お金にコントロールされるのではなく、あなたがお金をコントロールする立場なのだということを思い出してくださいね。

DAY
18

TODAY'S LESSON

今日のひとこと

あなたが「ここにつかう！」と決めて出すお金は、
無駄遣いではなく、立派な社会貢献になります。
堂々と胸を張って本気でつかっていきましょう。
その本気度に、きっとお金も応えてくれるはずです。

DAY 19

目の前の人に愛を持って接する

幸運を運んでくるのは「人」です。チャンスもお金も、人を介してやってきます。

人はお互いに影響を与え合いながら存在しているので、「誰と出会うのか」の後には、「誰と関わるのか」が、運を大きく左右します。

それをどこかで知っているから、私たちは、「素敵な人に出会いたい」「何でも話し合える生涯の友に出会いたい」と、人との出会いに運命の赤い糸のようなドラマを求めるのかもしれません。


では、運命の出会いというのは、どこにあるのでしょうか？

どこからやってくるのでしょうか？


「もう何年も素敵な出会いを待っているのに、全然理想の人に出会えなくて寂しい思いをしています」

そう、ため息をついたIさんは、幸せな結婚に憧れて3年間ずっと婚活をがんばってきました。

「看護師なので職場も女性がほとんどで、患者さんも高齢の方ばかり。出会いがありません。だから何度もお見合いをして、パーティーにも積極的に参加してきたのに、まるでうまくいかないのです。いい人だと思っても、お互いに結婚に求めるイメージが違っていたり、その人と過ごす自分が想像できなかったりして。いいかげんにどこかで妥協しないと難しいとも言われるのですが、やっぱり譲れないことってありますよね」

「Iさんが望む譲れないことって何ですか？」

「価値観や生活スタイルはもちろん大事だと思います。でも、私は外見も気になってしまうんです。好きなタイプの顔立ちや雰囲気ってあるじゃないですか？　人のことをあれこれ言える立場じゃないですが、第一印象で相手の顔を見て、だいたいが決まってしまうかんじです。そういうところがよくないのでしょうか？」

「いえいえ。そういう素直な感覚は大事にしていいと思いますよ。ただ、ちょっと気になったことがあります」

「え？　何ですか？」

これは、私自身も過去に猛省した経験があるのでわかるのですが、Iさんは出会った人を瞬時にジャッジする癖を持っていたのです。

つまり、紹介された人と会った瞬間に、どこか違うな……タイプではないな……とわかってしまったとき、自分の中で「縁がない人」「この人ではない」と即ジャッジをくだし、その場で目には見えないご縁の糸をチョキンと切ってしまっていたのです。もちろん、相手に「今からご縁の糸を切りますよ」と告げるわけではないのですが、自分の中でこの人は違うと決めて、すべてなかったことにするということです。そう決めたときに、その人とのストーリーも終わることがほとんどです。

けれど、もしかすると、そのストーリーには続きがあったのかもしれません。

私がそのことに気づいたのは、何年も経ってからのことでした。

人との出会いにはいろいろな意味が隠されていることもあって、人生を共にする運命

の人もいれば、その運命をつないでくれる「おつなぎ役の人」もいます！ 今はそのことを確信しています。

おつなぎ役の人は、会った瞬間にピピッと来るわけでもなければ、ときめくこともないかもしれません。いわゆる「タイプではない人」だったり、異性ではないこともあります。

それは、『白雪姫』に登場する「7人の小人」のような存在と言えるかもしれません。運命の人(王子様)に出会う前に、迷い込んだ森で出会った7人の小人。白雪姫にとってその小人たちは、心ときめいたり恋をする対象ではなかったでしょう。けれども目の前の小人たちと温かな時間を一緒に過ごすことで、白雪姫は王子様との未来を引き寄せるのです。

もし、白雪姫が小人たちに冷たく接したり、関わりを断ち切ってしまっていたら、違う展開になっていたかもしれません。

「この人は運命の人ではないし、恋をする相手でもない。でも、今ここで出会ったことには、何かの意味があるのかもしれない」
ほんの少しだけでも、誰かとの出会いをそんなふうに考えることができたら、相手に対する思いや態度も変わってくる気がしませんか？

今、目の前にいる人に優しい気持ちで接する。それは簡単なようで、なかなか難しいことかもしれません。でも、もしかするとその目の前の人が、あなたにとっての「おつなぎ役」かもしれないのです。

もちろん、**優しさや思いやりを持って接してもわかり合えない相手はいます。そのことがわかったら、「やるべきことはやった！」と自信を持って、そこで終わらせてもいいでしょう。**私はそう思います。たとえば、人に対して好き嫌いの感情はあっても、挨拶だけは自分からすると決めて守ると、「今日、私ができることはした」と、自分に対して清々しい気持ちになれます。自己肯定感も自然に上がるのです。

そんな話を、婚活中のIさんにしたところ、「今まで、『この人は運命の人か？』というところしか見ていなかったのかもしれません。目の前の人を大切にして過ごしてみます」と笑顔を見せてくれました。

それからしばらくして、Ｉさんからこんな報告をいただきました。

「私が勤務する病院に長期で入院している高齢の患者さんがいるのですが、その患者さんと世間話をするうちに、お孫さんが私の同級生だということがわかったのです。サッカー部のキャプテンだった人なので、よく覚えていました。それなら孫にも伝えておくよ……という話で終わったのですが、翌週にその同級生がお見舞いに来ていて、久しぶりに再会しました。彼とは不思議なくらいに自然に話ができて、それから二人で会うようになり、おつきあいすることになりました！」

人との出会い、人との関係は、本当に不思議なものがあります。

人生は、一期一会ですね。

DAY 19

TODAY'S LESSON

今日のレッスン

出会いを大切にする！

●家族や友人、職場の人など、一緒に過ごす人たちに、いつもよりも優しい気持ちで接する

お互いに何か意味があって出会っているのかもしれないという気持ちでいると、自然に心が柔らかくなります。その人のことをよく見るのも大事です。

●「おつなぎ役」の人がいるかもしれない！　そう思って、周りを見たり、誰かを思い浮かべてみる

今まで気づかなかった大事なことに気づけたり、素敵なきっかけが引き寄せられるかもしれません。

●自分から笑顔で挨拶をすることを意識する

あなたの笑顔と言葉が無駄になることはありません。必ず、あなたが笑顔になれる出来事として戻ってきます。

DAY
19

TODAY'S LESSON

今日のひとこと

自分が変われば相手も変わる！
優しさを贈れば優しさが返ってくる！
それは、深いご縁のある人との間に起こる奇跡です。
試してみる価値はありますよね☆

DAY 20 考えるのをやめてみる

うまくいかないとき、人はその理由を知ろうとします。

「なぜだろう?」と考え込みます。「何がいけないのだろう?」と自分を責めます。

でも、気持ちが落ちているときにいくら考えても、なかなかよい答えは出てきません。

うまくいかないとき、元気がないとき、意味がわからないとき。

そういうときは、**いっそのこと考えるのをやめて(あきらめて)、感じるままに過ごしてみる**のはどうでしょうか。「こうしたらいいのかもしれない!」と思えるまで、放置しておくというイメージです。

はじめのうちは焦る気持ちが出てくるかもしれませんが、「**放置しているほうが結果的にスムーズに進む!**」ということを知ると、その先の人生がすごくラクになります。

私たちは問題を解決したくて思考するとき、すでに経験してきたことや、知っている手持ちの情報の中から、「これはどう？」「こっちをやってみる？」と選び、現状に当てはめようとします。何かを変えたいけれど、結局いつも同じ状態になってしまうというのは、自分の中の古いデータをつかい回しているからなのだと思います。

でも、答えは全然別のところにあるのかもしれません。それをこれから引き寄せるのも楽しいですよ。

Rさんは、これまで何度も転職をしてきました。職場の人間関係がうまくいかなかったこともあるのですが、一番の理由は、自分が本当にやりたいことがわからず、それを考え始めると「やっぱり今の仕事は違う気がする」と、急に仕事に対しての熱が冷めてしまうからだと言います。「次こそは！」その繰り返しだったそうです。

「でも、結局、いつも同じで……。自分が何をやりたいのか、何をしたら満たされるのかがわからないまま、年齢だけ重ねてしまいました。このままじゃいけないってことはわかるのです。でも、考えても考えても何をしたらいいのかがわからない。私にとってのやり甲斐のある仕事が見つからないことに悩んでいます。でも、生きていくためには仕事はしないといけないですから」

そう話してくださる間にも、Rさんはずっと何かを考えている様子でした。

そこで、「一旦考えるのをやめてみましょう！」というご提案をしました。

「そんなのムリです。だって、ずっと気がかりで頭の中にあることなので……」

と、戸惑うRさんでしたが、

「だからこそです！　**ずっと気がかりなことがあって、そこに意識を向けていたら、その気がかりなことが繰り返し引き寄せられてきます。**今のRさんからは、過去に仕事がうまくいかなかったという答えしか出てこないので、どれだけ考えても不安になってしまうと思います。ここで思いきって流れを変えていきましょう！」

そうお話しすると、

「うーん。確かに一生懸命考えても、そこに安心はないですね。それなら、今までと逆のことを試しにやってみます」

そう言って、ここから考えるのをやめる実験をすることになりました。

考えるのをやめるというのは、「今ここ」に集中することでもあります。

転職のことをずっと考えていたRさんは、「今ここにある仕事」には集中できていませんでした。「今ここにいる同僚」のことも、あまり気遣ったり意識に入れたりしていなかったようです。

こういうことは、私たちの日常でもときどき起きていることだと思います。気がかりなことがあると、どうしても心ここにあらずの状態になってしまいますから。

まずは、あれこれ考えてしまうことをお休みして、目の前にあることに意識を向け、一つひとつの行動を普段よりもていねいにすることを自分に言い聞かせたというRさん。

「まだ3日しか経っていないのに、自分の中で何かが変わってきました。私、今を生きることができていなかったんですね。どこを彷徨っていたのかなっていうくらいに、見るものや聞くことが、いろいろ新鮮に思えてびっくりしました」

そんなふうに、数日おきに報告をしてくれました。

そして、2カ月ほど経ったころ、Rさんに答えが引き寄せられたようです。

「あんなに転職したいと思っていたのに、考えるのをやめてみたら、どっちでもいいという気持ちも出てきて、今が楽しくなってきました。そのタイミングで大きいプロジェクトを任されることになって、それも余計なことを考えずに集中してやってみたら、すごくよい結果が出たんです。みんなに喜んでもらえたときに、とても満たされている気がしました。やり甲斐ってこういうことなのかな？　まだここでやれることがあるから、転職がスムーズにいかなかったのかもしれないですよね。転職というキーワードを自分の中からはずしてみたら、モヤモヤが晴れて、充実感が出てきたのが不思議です。もう少し、この会社で楽しみながら働いてみることにします！」

「考えてもわからないときは考えるのをやめてみる」

思わぬ答えが出てくるのも面白いですよ。

DAY
20

TODAY'S LESSON

今日のレッスン

3日間、考えるのをやめてみる！

1 **今日を含めてこれから3日間は、何かを一生懸命考えるのをやめる**

考えそうになったら、目の前の景色や聞こえてくる音に意識を向けたり、自分の呼吸に集中してみるのもオススメです。あなたの頭（脳）を休ませてあげるイメージで過ごします。

2 **わがままな自分に合わせてあげることをよしとする**

「疲れたー」→「10分休憩しようか？」

「あのアイスクリームが食べたいなぁ」→「帰りにコンビニで買おうか？」

考えるのをお休みする期間は、できるだけあなたの直感に従ってみてください。

これにどんな意味があるの？　この行動が何につながるの？

そんなふうに考えそうになったら、①のレッスンを繰り返します。考えるのを休んでみると、自分の本音がどんどん出てくるので、それも楽しんでみましょう。

3 それでも気になることや、考えたくなることが出てきたら、付箋に書いて机やパソコンに貼っておく

「忘れているわけではない。少し寝かせておくだけ」というイメージです。おいしいパンをつくるときに大事なのは、生地を寝かせて発酵させることです。私たちの気がかりなことも、少し時間を置いたほうが、もっと適切な解決の道が出てきたり素敵な手助けがもらえたりして、結果的によい形にまとまります。安心してください。大丈夫です。

DAY
20

TODAY'S LESSON

今日のひとこと

「時間が解決する」

この世の中には、そういうこともたくさんあります。
今ここで必死に解決策や答えを出そうとしなくても大丈夫!
ちゃんと流れに乗っていますから安心して休みましょう。

DAY 21 ふと思いついたことをパッとやってみる

私たち人間には、不思議な能力があるようです。

「第六感」「虫の知らせ」「胸騒ぎがする」

これらの言葉は、どちらかというと悪い出来事に対してつかわれるイメージがありますが、実際は、よい意味での虫の知らせや胸騒ぎもあります。

私たちに備わっている不思議な力（直感力）を上手に活かしていけたら、大きなチャンスを引き寄せたり、大切な願いをかなえることが、もっともっとラクにできるようになるでしょう。

この直感力に関することで、大好きなエピソードがあります。私がこの活動を始めた初期のころのクライアントさんのお話です。

「もうずっと、忙しいことを理由にして、自分の思いを否定している気がする」

そう言っていたSさんは、私から見ても直感力が鈍っているようでした。

レストランのメニューを見ても、「あれもこれも食べたくて迷うのではなく、今、自分が何を食べたいのかがわからなくて決められない……」と本気で困ってしまっている様子でした。「友人たちからの誘いも、それに行きたいのか行きたくないのかがわからなくて、返事ができないことが何度もある」とも言っていました。


私は、**人に備わっている直感力は、「幸せを引き寄せるためのチカラ」**だと思っています。そのチカラが弱っているときには新しいことが入ってきづらくなっています。

Sさんのように、自分が何を望んでいるのかが、だんだんわからなくなってしまい、「あれ？　私、こんなに優柔不断だったかな？」と、自分を信頼できなくなってしまうことにもつながるのです。


そこで、Sさんに提案したのが、直感力を強化するレッスンです。

「ふと思いついたことをパッとやってみる」を意識して、もともと備わっている不思議なチカラを思い出しながら磨いていくイメージで日々を過ごしてもらうことにしました。

しっかり自分自身に意識を向けると、1日に何度も「ふと思いつく」瞬間があります。「あ！　あれはどうなっていたかな？」「あ！　あれが食べたいなぁ」「あのことがすごく気になる」「そういえば、最近よくあの場所のことが頭に浮かぶなぁ」など……。

意識していなければ、そのまま忘れてしまうような些細なことかもしれませんが、その些細なことの中に、人生を大きく変えるきっかけが隠れていることがあります。

「どうなるのかはわからないけれど、とりあえずやってみよう」

奇跡のような素晴らしい出来事は、直感と行動から始まることが多いのです。


Sさんは、「ふと思いついたことをパッとやってみる」を、できるだけ意識して過ごすようになりました。

仕事中は余計な行動はできないので、その場でできることはかぎられてしまいますが、どうしても気になることはメモに残しておきました。

朝、「今日はお弁当をつくろう！」と思いついたら手づくり弁当を持参し、「パスタ！　カレー！　サンドイッチ！」など、お昼休憩の直前に思いついたものを、食べに行ったり買ってくることもありました（それまでのSさんは、同期と一緒に誘われるままにオフィス近くのカフェや食堂に行っていたそうです）。

この毎日のランチの選択は、Sさんにはとても刺激になったようで、「毎日、自分の願いをかなえているようで楽しくなってきました」と教えてくれました。

そんな生活が1カ月ほど続いたころ、気になることがありました。

「この人と、よくタイミングが合うなぁ」

お昼休憩のときに、何度も見かけたり、距離が近くなる人がいたのです。同じ会社の男性だということは知っていましたが、部署が違うのでちゃんと話をしたことはない相手でした。Sさんが持参したお弁当を屋上で食べていると、その人もお弁当を食べていたり、軽いランチにしようとカフェに入ると、そこにその人がいたりしたそうです。うどん屋さんの列に並んだら、なんと数人前にその人が並んでいたことも！

最初は面白い偶然だと思っていましたが、何回もそういうことが続き、相手も気づいたようで、「よく会いますよね」と声をかけられたそうです。

「毎日、直感で食べたいものを選んでいるので……」と照れ隠しで答えたら、「僕も同じです」とのこと。

それがきっかけで会話を交わすことが増え、週末の食べ歩きデートを重ねて、その翌年に結婚されました。

「今も同じ職場にいますが、お昼休憩はそれぞれに食べたいものを食べるスタイルです（笑）」


人生は奇跡の連続でドラマティックですが、そのきっかけは、「あなたがふと思いついたことをやってみること」「直感を大事にすること」なのです。

このチカラを眠らせておくのはもったいないですよね。

DAY
21

TODAY'S LESSON

今日のレッスン

直感に従ってみる！

● **ふと思ったことに意識を向けてあげる**

いつもなら、そのままスルーしてしまいそうな何気ないことを、「今、私、あのことを思ったよね」と、オウム返しのようなイメージで心に留めてあげてください。

● **「これなら今できそう！」ということは、できるだけ早く行動に移す**

「プリンが食べたいなぁ」→「いつもなら明日にするけれど、今できることだからコンビニに行ってみよう！」

「南の島にダイビングをしに行きたいなぁ」→「今すぐには行けないけれど、海と魚たちの映像を見て気分だけでも旅をしよう」

こんなかんじで、自分の直感を無視しないということが大事です。

DAY 21

TODAY'S LESSON

今日のひとこと

直感のチカラは、あなたが思っている以上に素晴らしいのです。
あなたが幸せになるために、どんどん合図を送ってくれます。
ありがたいですね☆

《コラム3　あきらめたくないことはあきらめない》

「あきらめたときに願いがかなうのは本当ですか？」

というご質問を、よくいただきます。

「あきらめたときにかなう」のではなく、「執着をはずしたときにかなう」のです。

ここは間違いやすいところなので、先に知っておくといいですね。

たとえば、友達との何気ない会話の中で、「あのこと、もうあきらめようと思うんだよね」などと軽く言ったりすることもあると思うのですが、そのときに本心であきらめようとしているのかというと、ほとんどの場合、そうではないでしょう。

苦しいからあきらめる、かなわないからあきらめる、自分がみじめだからあきらめる――あきらめようとするときって、ちょっと逃げたいときなのかもしれません。

かなえたいことに対して疲れたとき、かなわないことに対して疲れたときも、衝動的にあきらめたくなりますよね。でも……、本当にどうでもいいことだったら、わざわざ「あきらめる」とは言わないものなのです。

どうでもいいことは気づいたら忘れていますし、宣言する意味もありません。

本当はあきらめたくないのに苦しいから、あきらめたら何かが変わるかもしれないって期待をしたいから、「あきらめる」と言ってしまう。

なんてあまのじゃく！　そのかんじ、すごくよくわかります。でも、まだそのことをかなえたいと思っているのであれば、「私、あきらめたくない」と言ったほうが潔くていいかもしれませんよ。

自分に嘘をつかないことは本当に大事です。素直に楽しく決めていけば、その先で必ず状況は動きますから大丈夫です。

「あきらめる」という言葉から離れて、「今、かなえたいことが、その先でかなうことが決まっているとしたら？」とイメージしてみましょう。

かなうことが決まっているのであれば、

● あきらめるという言葉は絶対に出てこない（だってかなうから）
● 他にやりたいことも出てくる（だってかなうから）
● 何も心配しなくていい（だってかなうから）

こんなかんじで、安心して他のことに意識を向けたり、今を楽しむことに専念できると思うのです。「かなえたいことはその先でかなうことになっているから、さぁ、今は何をしようかなぁ〜」というのが、願いをかなえるときの最高の思考です。

恋愛で例えると、運命を感じるくらいに好きな人が現れたときに、

①「お願いだから私を好きになって」と願い続ける↓ **執着**
②「好きになってくれないならあきらめる」と宣言する↓ **偽り**
③「私は彼のことが大好き。本当に縁がある人だったら、この先でうまくいくことになっているから、今は今できることを楽しもう」と決める↓ **執着をはずす**

素直な気持ちで執着をはずせば、流れは変わってくるものなのです。

うまくいかないときというのは、たいてい①か②のどちらかをやっているときで、そのどちらもとても苦しいものです。そのことに気づくだけでも抜け出せますよ！

自分の本音はちゃんと認めて、それがかなう前提で「今できることは何か？」を考え、「かなうからちょっと放っておくね」くらいの意識で過ごせば、きっときっと道は開けます。

あきらめたくないことはあきらめない。自分に嘘をつかない。

これを守るだけで、うまくいくことはたくさんあるはずです。

WEEK 4

願いをかなえて幸せになる！

DAY 22

幸せを受けとる

「何かいいことがありそう」「今日はいい日になりそう」

そんなふうに思って過ごしてみると、「ラッキー♪」って思えることに出会える確率がグーンと上がります。

「何もいいことがない……」「今日は大変な1日になりそう」

そう思って過ごしてみると、イライラすることや、タイミングが悪いなぁと感じることに遭遇する確率がグーンと上がります。


自分をつかった実験を20年以上いろいろやってきた結果、私は、**「人生は面白いゲームで、自由にアレンジできる唯一無二の物語」**だと思っています。

クライアントさんとお話をする中で気づいたのですが、願いを決めたり引き寄せたりすることは上手でも、一番大事な「受けとること」が苦手な人が多いようです。

「素敵な出会いを引き寄せたい！」と言っていたHさんは、語学の教室に通っているときに、この人いいなぁ……と、心ときめく相手に出会いました。

相手の方もHさんのことを気にかけてくれていたようで、一緒に食事に行く機会も増え、どんどん仲よくなっていきました。そして、交際を申し込まれました。

「めでたし、めでたし！　よかったねー！」という話なのですが、Hさんの気持ちは晴れないようです。

「どうして？　何か心配なことでもあるの？」

「彼のことは大好きで、本当にいい人に出会えて幸せだなぁって思っています。でも、こんなに幸せなことが起きるなんて、本当にいいのかなぁって。あまりに素敵な人なので、運命の罠みたいなものがあるんじゃないかって考えて疲れてきました」

本当は幸せなのになぜか不安になってしまう……。

これは私も経験したことがあるのでわかるのですが、「よいことがあったら、その後はよくないことが起こるのでは？」といった思考にとりつかれたり、「そんなに簡単に願いがかなうなんておかしいじゃない？」と、現実を疑ってしまうことがあります。

それは、その人がネガティブだからではなく、受けとることに慣れていないために驚いているだけなのです。

ただ驚いただけだということがわからなければ、自分の中の不安が勝ってしまって、せっかくよいことを引き寄せたのに、「受けとり拒否！」となりかねません。

本当はかなっているのに、受けとる準備ができていなくて、「見なかったことにしよう」「なかったことにしよう」と、スルーしてしまっている人がたくさんいるようです。

もう、これは本当に……もったいない!!

幸せは、ある日突然に飛び込んでくるものです。

今日かもしれないし、明日かもしれない。とにかく前触れなくやってきます。

心が動くことや嬉しいと思うことであれば、とにかくまず受け入れてみてほしいのです。受け入れて、「やっぱり違う」と思えば、そのときに返品すればいいのです。

運はつかえばつかうほど増えていく！

まずはスルーしないで自分のものにしてしまいましょう。

最初にお伝えした「何かいいことがありそう」と思って過ごすといいというのは、突然やってくる幸せに対して、心の準備ができるからです。「ほら、私が先に決めたからいいことが来たでしょ」と思えたら、スムーズに受けとることができます。

受けとり上手な人は、そういう能力が高いのではありません。受けとることに慣れているだけなのです。

あなたは、これから先で素晴らしい幸運を引き寄せることになっています。今から慣れていきましょう。

たくさん受けとっても大丈夫？　どこかでラッキーが終わってしまうのでは？　そんな心配はいりません。運はつかったらなくなるということはなく、つかい果たすこともないのです。

DAY 22

TODAY'S LESSON

今日のレッスン

受けとり上手になる3ステップ!

1 「何かいいことがありそう♪」と声に出して3回ほどつぶやく

2 「ラッキー!」と思うことを、あなたの中にたくさん集めてみる

3 1日の最後に、今日も上手に幸運を受けとることができたと、自分を褒めてあげる

この積み重ねがあなたの自信となって、大きな幸運を引き寄せたときにも遠慮なく受けとれるマインドを育ててくれます。

DAY
22

TODAY'S LESSON

今日のひとこと

幸運のカケラは、あなたに受けとってほしくて、毎日どこかに姿を現しています。
見つけてあげてください。喜んで受けとってあげてください。
どれだけ受けとっても尽きることなくやってきてくれますから、ご安心を☆

DAY
23
「合図をください！」とお願いする

私たちは、たくさんのことを選択して生きてきました。

進路や就職や転職、住む場所やおつきあいする相手……人生を大きく変える選択もたくさんしてきました。

その中には、「違うほうを選べばよかったのかな」「別のことを選んでいたら、今どんな人生だったのだろう」と、考えてしまうこともあるかもしれません。

「人は、自分が選ばなかったことをとても美しく見てしまう」

そういうことも多々あるようです。きっと、どちらを選んでいても、選ばなかったほうは美化されるものなのでしょう。だからこそ、過去に選んできたすべてのことを、

「これでよかったんだ！」

「自分の選択に何一つ間違いはない！」

と、今ここで強い気持ちで決めることにしましょう。

まだまだ私たちは人生という物語の途中にいますから、「よかった！」と決めたことは、この先で「よかった！」を引き寄せてくれるはずです。

さて、ここからは未来の話です。

「絶対にこれしかない！」と迷いなくそう思えるときはいいのですが、そこまで強く思えないとき、いくつかの選択肢で揺れてしまうときもありますよね。もしくは、選択肢は1つしかなくて、あとは決断するだけなのに躊躇してしまうときもあります。

決めなくてはいけないのに、なかなか決められないとき。私はそのどっちつかずの状態が苦手で、モヤモヤしながら過ごしているうちに他の迷いや悩みまで出てきて、どんどんわけがわからなくなってしまいます。そういうときに、モヤモヤした状態のままで決めると、「本当にこれでよかったのかな？」と、その先でも迷いを引きずることになってしまいます。そこで、私は1つのマイルールを決めました。すると、揺れたり迷ったりということが少なくなって、選択や決断をしたことに対しても「これがベスト」と今まで以上に信頼できるようになりました。

「何かの選択や決断をしなくてはいけないときに心が迷ったら、ムリに進もうとしないで、合図をもらってから決める！」

これがそのルールです。

「ん？　その合図って、どうやってわかるの？」

「見逃してしまったらどうしよう……」

大丈夫です！　その心配はありません。あなたが先に「こういうことを見聞きしたら私にとっての合図」と決めておくことで、「来た！　来た！」と、すぐにわかります。

友人のKは、気になっていた人との何回目かのデートで、迷いが生じたことがありました。すごく楽しい時間を過ごした帰り道、彼に「結婚を前提につきあってほしい」と言われたのです。そのときの気持ちだけで考えると、もちろんOKです。待ち望んでいた言葉と状況に幸せを感じていました。

ところが、Kには少し引っかかることがあったのです。それは、彼の仕事が転勤を伴うということ。

Kは希望がかなった転職をしたばかりで、しばらくは仕事にエネルギーを注ごうと決めていた矢先の出来事だったのです。もし結婚をしたら、この土地にはいられないかもしれない……。正直に不安な思いを伝えると、彼は、「ゆっくり考えてくれていいから」と笑顔で答えてくれました。デートの最中、彼が急用で10分ほど席をはずしている隙にKは私に電話をかけてきて、今あった出来事と、「彼のことはすごく好きだけれど、今は仕事も続けたい」という思いを話してくれました。

戸惑っている彼女に、「何かの選択や決断をしなくてはいけないときに心が迷ったら、ムリに進もうとしないで、合図をもらってから決める！」ことを提案しました。

「確かに今すぐには決められないし、考えてもパニックになってしまいそうだから、よい答えは出てこないよね……。よし！　今は今を楽しんで、これから先のことは何か合図がもらえると信じることにしよう！　私、鈍感だから、わかりやすいのがいいなぁ」

そう言ってKは電話を切りましたが、なんと合図はすぐにもらえたようです。

その夜のこと。デートを終えて車で家に送ってもらう途中、突然どこからともなく大きな音がして、ふと外を見てみると、**夜空に大輪の花火**が咲いていたと言います。

「あれ？　今日、花火大会だった？」

彼と顔を見合わせてびっくり！

その花火があまりにも素晴らしすぎて、車を停めて、しばらくうっとりと見入っていた二人……。


そして、その翌週。彼と美術館に出かけた帰り道のこと。

急に空が暗くなり大粒の雨が落ちてきました。公園を歩いていた二人は、近くの屋根がある休憩所に駆け込み、雨宿りをすることになったそうです。濡れたカバンをハンカチでふきながら、「今日の天気予報には雨マークはついていなかったのに……」と思っていると、「見て!!」と彼の声が。パッと顔を上げると、そこには、今まで見たこともないような**大きくて美しい虹**が出ていました。


「私ね、〝合図をください！〟のときに、わかりやすい合図をお願いしたでしょ？　あの花火と虹を見たときに、すぐにわかったの。あんなに綺麗な景色を続けて彼と一緒に見ることができたのが答えかなって。もっと彼といろいろな景色を見たいなって思えたから決めたよ」

その後、彼が転勤となり、しばらくは遠距離恋愛をしていたKですが、「そろそろ一緒に暮らすのもいいかなって思ったら、また面白い合図がもらえた！　だから迷わず行けそう！　楽しみ！」と、海外に旅立っていきました。

頭で考えてもわからないときは、一旦考えるのをやめて、合図を受けとるのも楽しいですよ。その合図はきっと、あなたをよき道に導いてくれます。

DAY 23

TODAY'S LESSON

今日のレッスン

合図を受けとる準備をしよう!

1 まずは、自分の心に「何かモヤモヤしていることはある?」と聞いてあげる

心当たりがあれば、早速②③に取り掛かります。何もなければ、②の設定をしておくといいですよ。

2 あなたにとっての「合図」を決めてみる

どんなものでもいいのですが、わかりやすい合図としては、「数字」や「好きな色」、「文字(イニシャル)」、「キャラクター」などがオススメです。

ちなみに私は「紫色」と「音符のマーク」を合図にしています。

3 その「合図」に期限を決める

期限内に合図が受けとれないことは、もう一度ゆっくり時間を置くか、今は見送ってもいいことなのかもしれません。

DAY
23

TODAY'S LESSON

今日のひとこと

あなたにとっての「これ！」という合図を決めておけば、
この先の日々がとても軽やかになります。
どんな形で合図が来るのかも含めて楽しみましょう。

DAY 24 「鏡の法則」で人間関係を円滑にしよう

「鏡の法則」を、ご存知の人も多いと思います。

人間関係において、相手は自分を映す鏡だと言われます。この鏡の話は、すごくシンプルなのですが、ちょっととらえ方を間違えると、「相手が悪いのに私が悪いことになるの？」と、自分が責められているような気になってイヤ〜な感じがしてしまうので、「それは違います！」ということを先にお伝えしておきますね。

鏡の法則に関連する、私の友人たちのエピソードをご紹介します。

ずいぶん前になりますが、暇さえあれば仲よし4人で集まっていたことがあります。

AとBは恋愛のことで悩んでいました。Cは仕事の悩みはありましたが、恋愛では「悩んだことがない！」と言いきっていて、私は当時、のほほ〜んと生きていたので、そんなに深刻な悩みはなかった記憶があります。

誰かの部屋に集まれば、それぞれに近況報告をして、「ちょっと聞いてよ！」とモヤモヤを吐き出したり愚痴を言ったり。それはそれでワイワイと楽しかったのですが、数カ月も経つと、同じことを話し続けていることに気づき、この発展的ではない話し合いは何か違う……となりました。

やっぱりもっとよくなりたいし、楽しくなりたい！

みんな願いをかなえて生きていきたいので、「よし！　ここからは発展的な話をしよう！」と切り替えて、それぞれに現状と素直な思いを語りました。

Aは、職場の同僚に片思いをしていました。「すごく素敵な人なの！」と目をハートにしながら熱く語っていたのですが、その彼はAに素っ気ない態度をとり、恋愛感情どころか興味もなさそう……という現実に悩んでいました。

Bは、つきあって3年になる彼がいました。交際は順調なように思えましたが、それでも彼のいいかげんなところや小さな嘘をつかれるところ、将来が見えてこないことに、彼女はいつも苛立っていました。

私とCは客観的な立場で二人の話を聞いていたのですが、あるときAとBの言葉に、「あれ？」と思うところがありました。「私はこんなに好きなのにね」という言葉を、何度も繰り返し聞いた気がしたのです。

私は当時、「引き寄せの法則」や「思考は現実化する」ということを深く知り始めたところだったので「ピン！」と来たのですが、そういうことを知らないCもまったく同じことに気づいたようでした。そしてこう言いました。

「ねぇ！　もしかしたら二人とも、その彼のことたいして好きじゃないんじゃない？」

この後、「そんなことない！　好きだよ！　すっごく好きだよ！」という大反論が待っていたのですが、ここで鏡の法則を当てはめてみると、面白いことが見えてきます。

自分がいて、相手がいて、相手が自分の鏡だとすると、「相手が自分のことを好きになってくれない。相手が自分のことを大切にしてくれない」というのは、一体どういう意味なのでしょう？

「私が素敵じゃないから彼は私を好きになってくれない！」「だから、もっと自分磨きをがんばらないと！」そのように思ってしまう人もいるかもしれません。

でも、そうではなくて、「相手が自分に対して『NO！』という反応をする。冷たくする。大切にしてくれない」というのは、もしかすると、「実は自分も本音の部分では相手に対して『NO！』と思っているのかもしれない」ということなのです。

相手の態度や反応は、実は自分が相手に向けている態度や反応かもしれない。表面の意識では、「好き、好き、好き」と思っていたとしても、深い意識では、「違う、好きじゃない」と拒絶しているのかもしれません。

これはよく内観しないと本当にわかりづらいですが、すごく大切なところなのです。

私も過去に、気づかずに暴走してしまうことがたくさんありました。

自分自身のことは、悲しいくらいに灯台下暗しで、見えていないものなのですよね。

苦しくなったときは、別の角度からできるだけ客観的に見てみるのがオススメです。

「私はこんなに好きなのに」という思いで苦しんでいるのだとしたら、「私もたいして好きじゃないかも」と、まるで違うことを当てはめてみる。すると、「お互い様かもしれないね！」と、新しい関係性が生まれてくるのです。

本当にご縁があれば、ここで足並みを揃えて「お互い様だね」となったところから、また関係が進展することもあります。バラバラ、チグハグなところからは、なかなかよい方向には進まないのですよね。

そうやって考えると、

「私はこんなに好きなのに、相手はわかってくれない」

「私はこんなに好きなのに、相手は私を嫌いって言う」

このようなことは起こらないのです。ここがわかってくると、もう恋や人間関係で今までみたいに悩むことはなくなる気がしませんか？

Aも、Bも、ここに気づいてから少しずつ変化していったようです。

Aは、「たぶん、彼のことをすごく美化していたのだと思う。私は彼を好きだって思う自分が好きだったのかも」と言い、その後、異動先で新しい素敵な出会いがあり、その人と結婚しました。

Bは、「3年もつきあって、それなりに時間もお金もかけたから、ここで失うのはもったいないって意地になっていたのかもしれない……。でも、よく考えたら、私のことを大切にしてくれない人を本当の意味で好きにはなれていなかった気がする」と言い、その彼とはお別れをして、しばらくは仕事に打ち込んでいました。そして、翌年の同窓会で再会した中学のときの同級生と電撃婚をしました。

問題と解決はセットになっています。そして、どちらも実は自分の中から出ているこ となのです。そのことがわかると、最初は「え？　私？」と、ちょっと抵抗したくもなりますが、そこを受け入れていくと、まるで違う世界が見えるようになり、すごく楽しくなりますよ。人間関係の鏡の法則は、自分を責めるためにあるのではありません。

「実は自分もそう思っているのかも」

そういう見方ができると、悩まずにすむこともたくさんあるということです。

「なーんだ、人生は私の思い通り♪」

DAY
24

TODAY'S LESSON

今日のレッスン

大切な人を「鏡」として見てみる！

●あなたが気になっている人がいれば、その人のことを思い浮かべてみる

二人の間に鏡の法則が働いているとしたら、何かわかることや気づくことがありますか？

●あなたが心から愛や優しさを届けたいと思う相手は誰ですか？
その逆で、これ以上、自分の時間や労力をつかいたくない相手は誰ですか？

ここの見極めをしっかりすると、鏡の法則を上手につかうことができます。

●本当に大切にしたい人に、「自分がほしいものを先に与える」としたら、今できることとは何ですか？　すぐにできることがあれば、早速、行動に移す

相手が幸せでいる様子が鏡に映り、あなたも幸せになれる。そういう関係性を築ける相手が、あなたの人生における運命の人です。

DAY 24

TODAY'S LESSON

今日のひとこと

「鏡よ鏡……」

みんなそれぞれに鏡を持っています。

鏡をのぞき込んだとき、そこに映っているのは「本音」です。

「本音」を大事にすることで解決できることがたくさんあります。

DAY 25 最強の呪文で不安を上書きする

私たちは生身の人間なので、いつも同じ感情でいることは難しくて、喜びや感動もあれば、不安や怒りや恐れも出てきます。それが自然だと思います。

不安になってはいけない、焦ってはいけない、こうしなきゃいけない、これはダメ、あれもダメ……。そうやって制限をつければつけるほど、「私が不安になるからうまくいかないのよね?」「こんなこともできないなんて」と、自分を責めるモードになりがちです。

一番大切にするべき自分を、自分自身が責めているなんて、せつないですよね。

この本の中でもお伝えしてきたように、「意識にあることが引き寄せられてくる」というのが引き寄せの法則ですが、ここに縛られて「不安になったら不安が来る」と怯えてしまっている人も多いような気がします。

もちろん、毎日ご機嫌でいられたら最高ですが、不安や心配はみんな抱えていることで、すべての不安や心配が悪いというわけではありません。

ただ、ちょっとだけ工夫すると、不安、心配、怒り、焦りといった望まないことの設定や引き寄せを回避できるようになります。

今日はあなたに、ある「呪文」を覚えていただきます。

私はそれを「不安を上書きする最強の呪文」と呼んでいますが、これを覚えておくと、不安やネガティブからサッと解放されるだけではなく、ポジティブな設定への切り替えまでできてしまうので、とってもお得です。

その呪文は、これです。

「ん？　そうなりたいの？」

この言葉を、不安な自分に投げかけてあげましょう。

たとえば、こんなふうにつかいます。

【恋の不安】


「彼から連絡が来ないなぁ……私のこと嫌いになったのかな」

「**ん？　そうなりたいの？**」

「ううん、嫌われたくない！」

「**じゃあ、どうしたいの？**」

「仲よくしていたい」

「それなら、これからも仲よくできると、自分と彼を信じたほうがいいよね♪」


【お金の不安】


「あぁ、ピンチ！　今月の支払いができないかもしれない」

「**ん？　そうなりたいの？**」

「そんなことないよ！」

「じゃあ、どうしたいの？」

「お金の心配をしないで安心して暮らせるようになりたい」

「それなら、今日を無事に過ごせたことに意識を向けて、まだ起きていないことを考えすぎずに、スッキリと支払いができる未来を考えたほうがいいよね♪」

【仕事の不安】

「好きなことを仕事にしてみんなに楽しんでほしいけれど、失敗するかもしれない」

「ん？　そうなりたいの？」

「成功したい!!　楽しくなりたい！」

「それなら、最初から失敗するかもなんて思わずに、成功したらどんなに楽しいか、どうやってもっとよいサービスを提供できるかを考えたほうがいいよね♪」

こんなかんじです。

私たちには少しあまのじゃくなところがあって、本当はそうなりたくないのに、不安から「そうなるかもしれない」と、思ったり言ったりすることがあります。

でも、こういう呪文をつかって、不安があってもいいので、その先を考えて自分で上書きしていく行動が私は好きです。あなたもやってみませんか？


どうしよう、どうしよう……と、不安を抱えているときは、すごく視野が狭くなっていて「今」と「目先のこと」しか見えていないので、狭い世界でごちゃごちゃ考えすぎてしまうものです。

でも、その先まで見通せるようになると、気持ちが落ち着くことも多いし、今わからなくてもまたそのときどきで考えたらいいと、少しずつラクになっていきます。


不安と希望は表裏一体です。不安があるから希望も出てくるのです。

そうなりたくない……その怖さや不安が出てきたら、「じゃあ、どうしたいの？ どうなりたいの？」と、自分の本音を確認できるチャンスだととらえてみましょう。そうするとそこにはちゃんと「希望」や「願い」があることがわかります。

「こうなったらイヤー!!」って叫び出したいくらいに不安になったら、すごく冷静に「ん？　そうなりたいの？」って自分に聞いてあげましょう。

きっと「ヤダ、ヤダ、そんなのイヤー!!」って大暴れしたくなる自分が出てくるので、「じゃあ、どうなりたいの？」「私はどうしたいの？」と、ここで本音を導き出すのです。

そうすると、あら不思議！　さっきまでネガティブな意識にとらわれていたのに、あっという間にポジティブな設定ができます。

私はこの、ちょっと意地悪に思える「ん？　そうなりたいの？」を、ネガティブになったときの呪文として何度もつかってきました。

自分の人生は、自分で決めて動かしていくことができる！

もう不安になることは怖くありません。なぜなら、その先には、希望があることをあなたは知っているからです。

DAY 25

TODAY'S LESSON

今日のレッスン

最強の呪文をつかってみる！

1 「不安になっても、これからは最強の呪文があるから大丈夫！」と、あなた自身に教えてあげる。もう何も心配はいりません

2 今、あなたの中に気がかりなことや「こうなったらイヤだなぁ」と思うことがあれば、それを思い浮かべてみる

3 思い浮かべたそのことに対して、「ん？ そうなりたいの？」と、自分に問いかけてみる。周りに誰もいなければ、実際に声に出して言ってみる
（例 今度の試験、受からなかったらどうしよう……「ん？ そうなりたいの？」）

4 ③の問いに対するあなたの答えを、ハッキリと言葉にする
（例 そうなりたくない！ 私は試験に合格したい！ 合格する！）

これが、あなたのポジティブな未来設定になります。

ここから、望む形で引き寄せの法則が動き始めるので楽しみにしていてくださいね。

DAY
25

TODAY'S LESSON

今日のひとこと

「ん？　そうなりたいの？」

この呪文は、いつでもあなたを守ってくれます。

ネガティブな思いでいっぱいになりそうなときに、
あなたを救い上げてくれます！

あなたは今日、頼もしい呪文を手に入れました☆

DAY 26 ポジティブなエンディングノートをつくる

あなたは「終活」や「エンディングノート」という言葉からどんな連想をしますか？ 不吉なこと、縁起でもない、まだそんな年齢ではないから早い……そんなふうに思われる人も多いでしょう。私自身も以前はそう思っていました。書店で見つけたエンディングノートを見たときも、「これを書いたら寿命が来てしまうのではないか。死を引き寄せてしまうのではないか」という思いが、ふとよぎったほどです。

けれど、**人生の最後というのは、必ずどんな人にもやってきます。**不老不死はありませんから、私たちは「**どう生きるのか**」と同じくらいに「**どう人生を終えるのか**」を考えることも大切な気がします。

私が最初にエンディングノートを書いたのは3年ほど前になりますが、そこから何が変わったかというと、圧倒的に気持ちが軽くなりました。

自分が本当に大切にしたいことがわかったことや、人とのつきあい方が変わったことも、結果的に自分をラクにしてくれたのです。

自分が旅立つときに、

●見送ってほしい人は誰か？
●遺しておきたいものや譲りたいものは何か？
●整理や処分をしてほしいものは何か？
●どんなシチュエーションで送り出してほしいか？（お花、ＢＧＭなどの希望）
●大切な人たちに伝えておきたいこと

など、人生の最期を想像して決めるだけで、どんどん心残りが少なくなっていきました。

それと同時に、目には見えないことだけれど、意外とこういうところに「気がかりなこと」が詰まっていて、それが自分を重苦しくさせていたことを知りました。

こんなにも肩の荷が下りたような気になれるのか……と驚いたのですが、見方を変えてみると、いかに今までの人生でたくさんのことやものや人を抱え込み、それに執着していたのか……ということでもあります。

この世を去るときには何も持っていけないのに、どうしてこんなにもので溢れてしまっているのだろう？

どうしてこんなに義理や義務の人づきあいが多いのだろう？

そんな疑問を感じたときに、「これからは、大切にしたいものだけを大切にする！」という思いが溢れ、大袈裟ではなく新しい人生が始まったような気がしたのです。

人生のエンディングを考えたら、今が輝き始めた！

これは、とても面白い発見でした。そして、その面白さを周りの人たちに語っていたら、一人二人とエンディングノートをつくり始める人が増え、「何かあったときには、このノートに書いてあるからよろしくね！」と伝え合うようになりました。

「私ね、ずっとこういうことに向き合うことを避けていた気がする。でも、絶対にそのときはやってくるんだってことがよくわかった。それならば、1つでも心残りは少ないほうがいいよね。自分にとっての理想の終わり方を決めたら、ずっと抱えていた夏休みの宿題を終えたようなかんじで、今すごくスッキリしてる！　もう、あとは楽しむだけだって解放感でいっぱいなの！」

そう話してくれたSさんは、今は断捨離に精を出しています。それまで何度やってもできなかった断捨離が、「自分がいなくなったときに、これを誰が処分するのか」と想像したら、躊躇なくできるようになったそうです。

とりあえず保管している服や靴やバッグや、何となく置いている思い出の品たちも、自分がいなくなった後で家族が見たら「これは大切にしていたものなのかもしれないし、処分するのはどうなのだろう」と悩んでしまうかもしれません。

「それ、もういらないのよー！　遠慮なく処分してね！」

そう天国から叫びたくても、伝えることができないもどかしさ……。それを想像したら、今のうちに自分で片づけておこうって動ける気がしますよね。

私も、「いつか着るかもしれないから」と、タンスの肥やしにしていた服たちを一気に処分することができました。なぜなら、自分が旅立ったときに、「最期に何を着せてあげる？」と家族会議が開かれ、「このワンピース、ずっと大切にしまってあったから気に入っていたのかも」と、サイズが合わないピチピチの服を着せられてしまったら、窮屈な思いをすることになりそうで困るからです（笑）。

そうやって片づけていって残ったものは、すべて「大切にしたい。一緒に生きていきたい」と思えるものばかり！

人に対しても同じで、あらためて人生の残り時間を考え、本当に大切にしたい人がわかったことで、自分の中の優先順位がハッキリしました。

私は家族が一番大切なので、何があっても家族と自分の幸せが最優先事項です。それ以外のことは、余裕があるときに考えればいい……と、いい意味で開き直ることができました。

私たちの人生、まだまだここからが本番ですよ♪

DAY
26

TODAY'S LESSON

今日のレッスン

エンディングノートをつくる！

●**あなたの人生を輝かせる「ポジティブなエンディングノート」を用意する**

市販のエンディングノートでもいいですし、お気に入りのノートでも手帳のフリーページをつかってもいいですね。そのノートは、これからのあなたをもっと幸せにしてくれます。

●**用意したエンディングノートに、自分がこの世を去るときに、会いたい人、連絡をしてほしい人の名前を書く**

ここに書いた人が、あなたにとっての「本当に大切にしたい人」です。100人の友人知人がいても、最期を知らせてほしい人は数人かもしれません。少なくていいのです。すべての人に平等に愛を与えるのはムリですから、それはあきらめてください。これからは、あなたが大切にしたい人を、今まで以上に大切にしていきましょう。

DAY
26

TODAY'S LESSON

● **エンディングノートに、自分がこの世を去るときに何を残しておきたいのかを書く**

自分らしいもの、ずっと大切にしたいもの、形見としてプレゼントしたいものなどを書き出しましょう。これも意外と少ないかもしれませんね。それ以外のものは、少しずつ手放していくことにしましょう。

● **その他にも、残された人たちに伝えたいことや、知っておいてほしいこと、お願いしたいことなどを自由に書く**

このエンディングノートは、いつでも自由に更新できます。内容を変えたかったり、つけ加えたいことが出てきたときには、最新の設定にどんどん書き換えていきましょう。

DAY
26

TODAY'S LESSON

今日のひとこと

エンディングを決めることとは、決してネガティブなことでも
縁起が悪いことでもありません。
決めることによって生まれる安心感が、
また安心できることを引き寄せてくれます。
あなたのエンディングノートは、
ここからの人生をもっと楽しむための「保証書」のようなもの。
これがあるから思いっきり生きられます。もう安心ですね☆

DAY 27

最悪を回避できたことにする

ここ最近の日々を振り返ったときに、「あーあ」と、ガッカリするようなことはありましたか？　「どうしてー!?」と叫びたくなるようなことはありましたか？

私はありました！　ずっと楽しみにしていたライブが中止になりました。完璧に計画したはずの旅が延期になりました。大事な予定の前日に、ぎっくり腰を再発してしまい、予定そのものが白紙になってしまいました。

仕方がないことではありますが、とどのつまりはついてない……。そういうことも、生きていれば何度となくあるものですね。

予定は未定と自分に言い聞かせてみても、楽しみにしていたぶん、やっぱり落ち込んでしまいますし、何かに八つ当たりしたくなるときもあります。だからといって、その「ついてない」という気持ちで過ごしていけば、また「ついてない」という出来事を引き寄せやすくなってしまいます。泣きっ面に蜂のような状態は避けたいので、どうにかして気持ちと流れを変える必要がありますね。

そのときの方法として、かなりオススメしたいことがあります。

「ついてない」ときは、もっと最悪のことを思い浮かべる！

ちょっと荒っぽい方法ではありますが、いじけてメソメソしたり、イライラして過ごすよりは、絶対によい結果につながるので、今日はそれをシェアさせていただきます。

以前、こんなことがありました。その日は、久しぶりに会う友人とテーマパークに遊びに行くことになっていました。やっと休日を合わせることができた私たちにとって、念願かなった1日になるはずでした。

そろそろ家を出ようかな……と思ったとき、友人から電話がかかってきました。

「ごめん、どれだけ探しても家の鍵が見つからないの！　合鍵はどこかにしまってあるはずなんだけれど……」

彼女は一人暮らしなので、他に鍵を持っている人はいません。無施錠のまま出るわけにはいかないので、とりあえず落ち着いて鍵を探そう、ということになりました。

「新幹線の時間に間に合わなかったら、どうしよう……」

「大丈夫！　二人分の切符は私が持っているから、間に合わないときは時間変更できるよ。とりあえず先に駅に向かっているね」

1時間ほど過ぎたとき、「鍵、見つかった！　今からすぐに向かうね！」と彼女から連絡があり、新幹線の時間を遅らせてワクワクしながら彼女を待ちました。

ここまでは、ちょっとしたハプニングがあって予定変更になった話です。

ところが、「さぁ、気を取り直して出発！」となったときに、新幹線が止まってしまったのです。どうも重大なことが起きているらしく、運転再開の見込みはわからないとのこと。どれだけ待っても状況は変わらず、時間の経過とともにテンションが落ちていく私たち。

「予定通りに新幹線に乗っていたら、今ごろもう着いていたよね？　ごめん」

涙目の彼女に、「大丈夫。これも笑い話になるよ！」と、おどけてみせるのが精一杯。

結局、「今から向かってもあまり遊べない」という時間になり、テーマパーク行きをあきらめた私たちは、トボトボと引き返すことにしました。

そのときの空気がとにかく重くて、このままじゃダメだ……という気がしたので、私は咄嗟にこんなことを言いました。

「ねぇ、今日、もし予定通りに向かっていたら、私、死んでいたかもしれない！」

「何それ？　そんなわけないじゃん」

「ううん。絶対に死んでた！　ビルの上から鉄骨が降ってきたかもしれないし、スズメバチに刺されたかもしれない」

「ないわぁ～」

彼女はあきれたように小さく笑います。

「でも、そうだったかもしれないって思ったら、行けなくてよかった気がしない？」

「え？　これでよかったってこと？」

「そう!! 何かわからないけれど、不思議な力で守られて最悪を回避できたんだとしたら、それってすごくない?」

「まぁ……確かにそう思ったほうが、私の罪悪感も小さくなるかな」

「罪悪感なんていらないよ! だからこそ、私、今も生きていられるんだもん!」

不思議なもので、そう決めてみると、だんだんそうとしか思えなくなってくるものです。

「それなら結果的に悪くない1日だったね」と言って、私たちはとびっきりおいしいものを食べて帰りました。

「悪くない」そう決めたら、悪くない未来がやってきます。

どんなときも、私たちの思考は自由です。

思考だけは、何にとらわれることはなく、誰かに制限されることでもありません。どんなふうに思ってもいいのであれば、少しでも楽しくなれる考え方を選びたい。自分にとっても誰かにとっても、心地よくてクスッと笑えることを思っていたいものです。

TODAY'S LESSON

今日のレッスン

最悪を最良の出来事にする！

【思い出しの作業】

心の中に、「あれは残念だった……」「ついてなかった」と、小骨のように引っかかっていることはありますか？

ふと思い出すモヤッとすることがあれば、それも含めて、紙に書き出してみましょう。ていねいに書かなくてもかまいません。箇条書きのようなかんじで大丈夫です。

【肯定の作業】

思い出しの作業で書き出したことの余白に、「あのとき、実は最悪を回避できました」「あれが最善でした」「よく乗り越えました」と、赤ペン先生になった気分で、コメントを書いていきましょう。花丸も描けたら最高ですね。

DAY 27

TODAY'S LESSON

【成仏の作業】

いろいろあったけれど、今これを書けているということは、あなたは守られているということです。本当のところは誰にもわかりません。まだ納得できないこともあるでしょう。それでも、私たちには未来があります。

過去は変えられないけれど、過去に対しての見方を変えたら、そこで成仏できる思いもたくさんあります。

あなたの中にあるモヤモヤやわだかまりはここで成仏させて、最悪を回避できた自分を褒めながら、今と未来を楽しんでいきましょう。

DAY
27

TODAY'S LESSON

今日のひとこと

今まであなたが抱えてきた悔しさやせつなさ、
選ばなかった後悔、決められなかったこと。
それは全部、あなたを守るために必要でした。
何も間違っていません。
だから、もっと幸せになると決めてしまいましょう。
過去のあなたのためにも☆

DAY 28

100年後を考えて生きてみる

「あと100年もしたら、私も含めここにいる方たちは、誰もこの世にはいらっしゃらないのですね」

ある講演会の中で、ふとそんなことを思い、そのまま言葉にしたことがあります。

私たちは毎日、人生のゴールに向かって生きています。過去に戻ることはできませんし、不老不死もありません。ただ、進むのみです。

そのとき、私の前には本当にたくさんの方がいらっしゃったのですが、同じ状態で100年後に集まることはかなわないのです。それを少し寂しく思ったのと同時に、こんな思いも湧き上がってきました。

「だからこそ、自分らしく生きることを大切にしましょう！　生ききってください。失敗したらどうしようとか、恥ずかしいとか、人の目を気にして躊躇している時間はもうありません。どうせみんないなくなります。私の年齢で考えると、100年を待たずにこの世を去ることになります。人生は長いようで意外と短いのです。誰かのことや周りのことを気にして、自分が本当にやりたいことやかなえたいことを後回しにするのは、本当にもったいないです。**迷ったときには100年後を想像してみると、何でもできる気がして勇気が出ますよ**」

この言葉に、多くの反響をいただきました。

「人生を終える瞬間に、『できることはやった！』と思いたいです」

「せっかくの人生なので、自分のために本気で生きていくことを決めました」

「100年後の世界が見られないのは残念ですが、何か自分が生きた証を残したくて、創作活動を始めました」

皆さんから寄せられたさまざまな思いに、私も元気をもらいました。

ここから人生のゴールまでを悔いなく生きるために、私が大事にしたいと思うことはこれです。

「とにかく無邪気に本音で生きることをあきらめない！」

人に接するときも、本当の自分を隠してよい人を演じるよりも、思いっきりそのままの自分を出すほうが、縁のある人とつながりやすくなる気がします。

私には、しおんさんという友人がいます。彼女が私という人間に興味を持って、「この人、面白い!!」と思ってくださったきっかけがあります。

出会って間もないころ、私が博多駅近くの交差点の真ん中で、「私、絶対に◯◯◯するーー!!」と、自分の願望を叫んだことでした（笑）。

その直前に話していたワクワクするイメージがずっと頭に残っていて、気づいたら強すぎる思いが溢れるように叫んでいたのですが……振り返ってみると、このときの願望は常識ハズレの的ハズレ。「普通はあり得ないでしょ!!」ということだったのですが、私はとても素直にそれをかなえたいと思っていて、叫ばずにはいられなかったのです。

それが、しおんさんには衝撃だったようで、「私、マキさんが叫んだあの瞬間に人生観が変わった！　やりたいことは全部やろうってスイッチが入った！」と言ってもらい、それから急速に二人の関係が近くなりました。

私は自分の願望に遠慮するのは一切やめようと決めていたので、「ちょっとこの人、大丈夫!?」って笑われても平気でした。

その結果、今「あのときのアレ!!　ホントにかなったね！」と、二人で笑って振り返ることができているので、あきらめなくてよかったなって思うのです。

今でこそ、こんなふうにぶっ飛んでいますが、昔は逆のことばかりやっていました。期待して傷つくことが圧倒的に怖かったので、自分の願いに対して「見ざる、聞かざる、言わざる」と制限をかけていたのです。水の泡のように消えていった（私自身が消してしまった）願いを、いったいいくつ見送ったのかと思い返してみると、後悔することもたくさんあります。

でも、そういうことすら今ここにつながっていたのだとしたら、何も無駄なことはなかったなって思います。**人生にはゴールがあるけれど、いつだって「今この瞬間」が最新なのです。**気づいたときに、それまでとはまったく違う流れを手に入れることだってできるのです。それが面白いところですね。

絶対に自分の心に嘘をつかないこと。計算して動いたり、テクニックをつかったり、人を試したり駆け引きをしたりしないこと。

これだけは死ぬまで守っていく、自分の中の「掟」です。

思考は現実化することや引き寄せの法則を知って、いろいろなことを試してきて、最後に残ったのは、この「**自分の心に嘘をつかないこと**」でした。

大きすぎる夢を追い求めることに抵抗を持つ人もいますが、それを自分自身が望んでいるのなら素直に認めてあげたらいいですよね。たぶんかなわないだろうということを、それでもかなえたいと思うのなら、その思いに嘘をつかず、ごまかさず、信じることに振りきってみましょう。そうすれば、奇跡だって起こります。

まだ起きていないことを過度に怖がらずに、本気で求めてみることも一度きりの人生にあっていいと思いますよ。そうやって自分の思いを素直に認めて、無邪気に楽しんでいくことが、その先の道を開いてくれると私は信じています。

１００年後の世界には、あなたもあなたの周りの人も私も、誰も存在していません。

そう思えば、何でもできる気がしませんか？

本当にかなえたいことはやっぱりかなえていきましょう。

DAY 28

TODAY'S LESSON

今日のレッスン

100年後を考える!

● **100年後の世界を自由に想像してみる**

そこに私たちはいませんが、未来の人たちが新しい世界を築いているはずです。今の私たちが存在している21世紀は過去となって歴史の1ページに刻まれています。

● **あなたが、「これをかなえなければ死ねない!」と思うことは何ですか?**

今まではそれを認めるのが少し怖かったかもしれません。でも、認めてかなえる時期がやってきました。あなたはその願いを、遠慮なくかなえていいのです。

● **今日の日付とともに、「これをかなえる!」と決めたことを、書き記しておく**

伝えたい人がいれば、あなたがこれからかなえることを、勇気を出して伝えてみるのもいいかもしれません。

DAY
28

TODAY'S LESSON

今日のひとこと

今日は、あなたの人生の新しい章がスタートした記念日です。
おめでとうございます！
そして、今日はレッスン最終日。28日目の今日、あなたは
100年先のことに思いを馳せています。
どんな未来が待っているのでしょうか。楽しみですね☆
これからも、素直に無邪気に生きていきましょう。
きっとその先で、素晴らしい景色が見られるはずです。

おわりに

今から3年半ほど前、「ちょっとネタを仕入れてきまーす！」と宣言して、それまでやってきたことをストップさせました。書くことも話すことも、人前に出ることも、もうしばらくはできないだろう、もしかしたらずっとできないかもしれない……。そんな漠然とした不安を抱えながらも、そのときの私は、「活動休止」という選択をして、歩みを止めることしかできませんでした。まるで燃え尽き症候群のように、とてもせつない気持ちになったことを思い出します。

あのときに、いろいろなことが終わりました。人間関係もガラッと変わりました。失ったものもありました。

そして、あのときから、いろいろなことが始まりました。大切なことや大切な人がわかりました。自分を取り戻すことができました。

振り返ってみると、まさに人生のターニングポイントでした。

今は、すべてにおいて完璧を求めることはあきらめました。評価を気にすることも、誰かと比べることもなくなりました。もともと人との距離感は遠いほうでしたが、ますます他者との線引きがハッキリした気がします。そして、とてもラクになりました。

正しいことが幸せとはかぎらないし、不完全さの中に尊いことがあったり、面倒くさいことが楽しかったりもします。**何でもありのこの時代だからこそ、ときには流れに任せて、ちょっとチカラを抜いて素直に無邪気に生きてみるのもいいですね。**

「何もしないで幸せな引き寄せができたらいいけれど。やっぱり何かしていないと不安で……」

今回、そうした思いを持っている読者の皆様に向けて「これだけしていたら大丈夫♪」という、とっておきのレッスンを集めたものが1冊の本になりました。

小さな行動をすることで、自信がつき、不安が小さくなり、心が落ち着き、そしてよいことを引き寄せる。その流れを楽しんでいただけたら嬉しいです。

歩みを止めたあの日から再び前に進むまでの時間、いろいろな思いがありましたが、一度リセットしたことによって、前よりも強くなれた気がします。どうにもならないように思えたことも、時間が解決してくれました。そして、今を本気で生きることによって、「人生は有限」ということを深く感じた日々でもありました。それが26日目のレッスン「エンディングノートをつくる！」のきっかけにもなりました。

一度きりの人生だから、後悔は1つでも少ないほうがいい！ だから今日も、言いたいことを言い、書きたいことを書き、やりたいことをやっています。

この本を生み出すにあたり、たくさんの応援をいただきました。

私に再び書くきっかけとチャンスをくださった編集の元木優子さん。体験談の掲載に協力してくださったクライアントの皆様、本当にありがとうございました。

叱咤激励してくれる友人たち、一緒に旅をしてくれる仲よしさん、元気で愉快な私の家族。そして、いつも私の発信を気にかけてくださる読者の皆様。

ありがとうございます！　いろいろな形で恩返しさせてくださいね。

これからも、一緒に楽しく生きて、素敵な景色を見ましょう。

都築まきこ

願いをかなえる私になる！
ワクワク28日間引き寄せレッスン

発行日　2021年2月20日　第1刷

Author　都築まきこ

Book Designer & DTP　宮間清美

Publication　株式会社ディスカヴァー・トゥエンティワン
〒102-0093　東京都千代田区平河町2-16-1 平河町森タワー11F
TEL　03-3237-8321（代表）　03-3237-8345（営業）
FAX　03-3237-8323
https://d21.co.jp/

Publisher　谷口奈緒美
Editor　元木優子

Store Sales Company　梅本翔太　飯田智樹　古矢薫　佐藤昌幸　青木翔平
小木曽礼丈　小山怜那　川本寛子　佐竹祐哉　佐藤淳基
竹内大貴　直林実咲　野村美空　廣内悠理　井澤徳子
藤井かおり　藤井多穂子　町田加奈子

Online Sales Company　三輪真也　榊原僚　磯部隆　伊東佑真　川島理　高橋雛乃
滝口景太郎　宮田有利子　石橋佐知子

Product Company　大山聡子　大竹朝子　岡本典子　小関勝則　千葉正幸
原典宏　藤田浩芳　王廳　小田木もも　倉田華　佐々木玲奈
佐藤サラ圭　志摩麻衣　杉田彰子　辰巳佳衣　谷中卓
橋本莉奈　林拓馬　牧野類　三谷祐一　元木優子　安永姫菜
山中麻吏　渡辺基志　小石亜季　伊藤香　葛目美枝子
鈴木洋子　畑野衣見

Business Solution Company　蛯原昇　安永智洋　志摩晃司　早水真吾　野﨑竜海
野中保奈美　野村美紀　林秀樹　三角真穂　南健一　村尾純司

Ebook Company　松原史与志　中島俊平　越野志絵良　斎藤悠人　庄司知世
西川なつか　小田孝文　中澤泰宏

Corporate Design Group　大星多聞　堀部直人　岡村浩明　井筒浩　井上竜之介
奥田千晶　田中亜紀　福永友紀　山田諭志　池田望
石光まゆ子　齋藤朋子　福田章平　俵敬子　丸山香織
宮崎陽子　青木涼馬　岩城萌花　大竹美和　越智佳奈子
北村明友　副島杏南　田中真悠　田山礼真　津野主揮
永尾祐人　中西花　西方裕人　羽地夕夏　原田愛穂
平池輝　星明里　松川実夏　松ノ下直輝　八木眸

Proofreader　文字工房燦光
Printing　シナノ印刷株式会社

● 本書へのご意見ご感想は下記からご送信いただけます。
https://d21.co.jp/inquiry/

ISBN978-4-7993-2720-3